Curso Avanzado de Esp
Lengua Extranjera

ABANICO

Libro del Profesor

María Dolores Chamorro Guerrero
Gracia Lozano López
Pablo Martínez Gila
Beatriz Muñoz Álvarez
Francisco Rosales Varo
José Plácido Ruiz Campillo
Guadalupe Ruiz Fajardo

DIFUSION
Centro de Investigación y Publicaciones de Idiomas
Barcelona
E-mail: editdif@lix.intercom.es

ABANICO

Libro del Profesor

Autores:
María Dolores Chamorro Guerrero (Universidad de Granada)
Gracia Lozano López (Universidad de Granada)
Pablo Martínez Gila (Instituto Cervantes de Atenas)
Beatriz Muñoz Álvarez (Universidad de Granada)
Francisco Rosales Varo (Universidad de Granada)
José Plácido Ruiz Campillo (Universidad de Granada)
Guadalupe Ruiz Fajardo (Universidad de Granada)

Redacción:
Olga Juan Lázaro

Diseño de cubierta:
Ángel Viola

1.ª Edición, 1996
2.ª Edición, 1999

ISBN: 84-87099-88-2 Depósito legal: M-28648-1996

Printed in Spain - Impreso en España por Gráficas Rama, Madrid.
Este libro está impreso en papel ecológico.

Índice

Prólogo

El ***Libro del Profesor*** de ***Abanico*** está pensado no sólo como una guía de claves de cada una de las actividades, sino también como un análisis del tratamiento del material que haga más fluido el control de la instrucción. Hemos insistido en la reflexión sobre qué se pretende en cada unidad y ejercicio, qué instrumentos son necesarios para rentabilizar al máximo la actividad en clase y abrir nuevas vías de trabajo del material. Precisamente este libro del profesor presenta diferentes materiales que pueden ayudar a alimentar el trabajo del estudiante. Este texto, de hecho, ha sido producto de nuestra experiencia al llevar a cabo el curso, observando el funcionamiento de los bocetos y las actividades según los objetivos iniciales. En todo caso, esta información sólo tiene sentido contrastada con la experiencia que cada profesor haya tenido con el texto.

Se ha seguido un esquema rígido en el análisis de cada unidad y de cada actividad en particular, a fin de facilitar un acceso rápido y práctico a los aspectos que el profesor necesite controlar con más profundidad. Esperamos que sirvan de ayuda estos comentarios, realizados como un diario de a bordo del material. Confiamos en que sea de utilidad no ya por lo que propone, sino como modelo de contraste con cada caso particular de instrucción.

1. Análisis detallado de cada unidad, que recoge:

1.1. **Ficha de análisis de partida** o **de Preparación** (de aquí la "P"): ***¿De dónde venimos? ¿Adónde vamos?***

Con estas preguntas de apariencia metafísica iniciamos la primera propuesta de rastreo de las necesidades del alumno. Sugerimos que el profesor realice al comienzo y final de cada unidad un registro sobre el conocimiento del estudiante:

1. ANTES de comenzar cada unidad: el diagnóstico previo de lo que sabe el estudiante nos indicará también qué vacíos quedan por cubrir, así como los aspectos más problemáticos sobre los que habrá que insistir. Proponemos una ficha, fotocopiable o fácil de transcribir, diferente para cada unidad, en la que se pide al alumno, sin ayuda de ningún material accesorio, que anote cuales son sus recursos para enfrentarse a cada área temática, con las exigencias léxicas, discursivas y gramaticales de cada lección. El modelo recoge tan sólo los objetivos generales, y nunca pretende anticipar exhaustivamente cada punto tratado en las actividades. La administración de esta ficha, insistimos, debe realizarse al inicio, y ofrecerá al profesor un precioso documento para detectar el nivel de partida y las necesidades específicas, así como agilizar el desarrollo posterior de las diferentes actividades.

A su vez el estudiante tendrá conciencia real de qué recursos y deficiencias posee, de manera que la unidad habrá de cumplir también esas expectativas explícitas y otras que descubrirá. Habría que limitar el tiempo de realización y los materiales alternativos: diccionarios o bien otros apoyos, para que sea un fiel reflejo del conocimiento real del alumno en ese momento.

2. DESPUÉS de realizar cada lección: la comprobación final está encaminada a evaluar hasta dónde se ha llegado. Es importante insistir en este punto en la conveniencia de contrastar la ficha de partida que realizó el estudiante al principio con la misma ficha realizada al final de la unidad, así como con los exámenes de elección múltiple que cierran cada unidad del libro de ejercicios y las evaluaciones incluídas en este libro. De esta manera podremos atestiguar qué camino se ha recorrido y qué expectativas se han cubierto.

1.2. **Ficha de la unidad** en la que se exponen:

- Explicación de los referentes culturales del título y claves de comprensión del mismo, que es donde se resume el marco general de la unidad.
- Objetivos generales de la unidad: se describe el marco general comunicativo y formal de cada unidad, en términos de intenciones generales.
- Contenidos formales: descripción de los principales exponentes gramaticales, léxicos y discursivos tratados.
- Debate: sugerencia de un contexto de discusión apropiado relacionado con la unidad temática. A menos que el desarrollo de la interacción en la clase lo haga adecuado en otro momento, conviene hacerlo siempre al final de la unidad, para que los estudiantes cuenten con la información que aporta el material del curso y estén situados en el tema que se propone.

1.3. **Ficha de análisis de cada ejercicio**, que contiene:

TÍTULO: marco de la actividad y referencias culturales.

OBJETIVOS: descrito en términos de funciones comunicativas, con los exponentes léxicos, los gramaticales y los discursivos.

PROCEDIMIENTO: administración y funcionamiento de la actividad. Consejos y sugerencias para la realización y llamada de atención sobre el tipo de trabajo, las destrezas activadas y la intención comunicativa en cada caso.

IDEAS ALTERNATIVAS: otras vías de tratamiento.

SOLUCIONES: claves donde sean necesarias.

REFERENTES CULTURALES: explicaciones sobre el contexto en el que se entiende y determina el material.

TRANSCRIPCIÓN: contenido autiditivo con el que se trabaja en la actividad.

CUADERNO DE EJERCICIOS: correspondencia con el material de apoyo.

2. Evaluaciones

2.1. *Aquí te pillo, aquí te mato*

Son exámenes con preguntas de elección múltiple divididas en tres apartados: gramática, vocabulario y cultura. Cada uno se organiza en dos bloques, el primero comprende los contenidos de la unidad 1 a la 6 y el segundo, de la unidad 7 a la 12. Con las claves se puede preparar una plantilla de respuesta y fotocopiar en acetato para corregir fácilmente. Pero lo sencillo de su administración no está reñido con su complejidad de fondo. Hemos querido que las preguntas hagan reflexionar al alumno una vez más sobre los contenidos, pero siempre dentro del contexto de actuación lingüística, es decir, considerando las cuestiones pragmáticas y discursivas que afectan a cada elemento sobre el que se pregunta. Los exámenes se hacen individualmente y pueden servir para dar una puntuación "objetiva", pero proponemos también una corrección en común para que los estudiantes no sólo contesten intuitivamente, sino que además tengan que pensar y explicar por qué lo han hecho.

2.2. *Abanico, juicio final*

Este examen es un poco peculiar, ya que persigue dos objetivos: es una evaluación del curso, de los materiales, del papel de los participantes, de la actuación del profesor y de los contenidos impartidos. Pero a su vez, sirve para observar la producción escrita de una manera comunicativa, porque las preguntas recogen los contenidos comunicativos más importantes de las unidades. Informar a los alumnos de que se trata de una evaluación encubierta, desvirtuaría la verosimilitud de la intención comunicativa, pero sí debe pedir que no se conteste con monosílabos, sino que cada cuestión se argumente y se explicite cuanto sea necesario. El examen puede ser anónimo o no, el profesor debe decidir qué le interesa más. En todo caso, dejar espacio a la autocrítica puede ser un final feliz para cualquier libro, cualquier alumno y cualquier profesor.

3. Soluciones de "Aquí te pillo, aquí te mato" y del apartado del *Libro del Alumno,* "Todos a cien".

LA CARA ES EL ESPEJO DEL ALMA

¿ De dónde venimos? ¿ A dónde vamos ?

Nombre: ....

Apellido: ....

Fecha: ....

Curso: ....

UNO. ¿Cuántas partes de la cara y del cuerpo conoces? ¿Sabes alguna expresión con ese vocabulario?

DOS. Para describir el carácter o la personalidad de alguien, ¿qué vocabulario usarías?

+ positivo:

- negativo:

TRES. ¿Cómo expresarías las transformaciones de aspecto físico o de carácter que ha experimentado una persona?

CUATRO. ¿Hay adjetivos que se pueden usar con **ser** y **estar**?, ¿significan igual?

CINCO. Anota adjetivos que se usen exclusivamente con **ser** o con **estar**.

LA CARA ES EL ESPEJO DEL ALMA

Es un dicho popular según el cual nuestra manera de ser y nuestro estado de ánimo se refleja en nuestro rostro.

■ OBJETIVOS

Toda la unidad está destinada a que los estudiantes entren en contacto y se conozcan, se aprendan los nombres, identifiquen las caras y den una primera impresión de su forma de ser; la elección del tema (hablar de uno mismo) permite ofrecer un espacio en el que experimentar que el riesgo de comunicar puede ser bajo y perder así el miedo a la interacción.

■ CONTENIDOS FORMALES

Vocabulario de la cara y el cuerpo. Vocabulario de la personalidad y el carácter. Usos de ser y de estar en identificación y localización, sustantivos y adjetivos específicos de cada verbo, ser/estar + bueno/bien y malo/mal. Formación de palabras: sustantivos abstractos, a partir de los adjetivos correspondientes. Verbos y perífrasis relacionadas con la descripción de las personas y el cambio.

■ DEBATE

¿Crees en cosas como la grafología, la fisonomía o la interpretación de los sueños? ¿Sirven para algo? ¿Sabéis que algunas empresas piden informes a grafólogos antes de contratar a alguien? ¿Estáis de acuerdo con los resultados que habéis obtenido en esos tests?

La oca loca

Recuerda el tradicional juego de la oca, juego de tablero de reglas similares, aunque las casillas no contienen preguntas sino dibujos.

■ OBJETIVOS

Este juego de mesa está pensado para romper el hielo el primer día de clase y para que el profesor evalúe la competencia comunicativa de los estudiantes. Sin convertirlo en un objetivo prioritario, el profesor puede aprovechar la ocasión para explicar antes el vocabulario del juego: **dados - tirar, fichas - mover, tablero, "me toca a mí", ganar, perder, hacer trampas**...

■ PROCEDIMIENTO

Se juega en grupos de cuatro o cinco, con dados y fichas, pero si no hay, con monedas y siguiendo por orden de derecha a izquierda de modo que el primer jugador comienza por la casilla número uno, el segundo, por la casilla número dos y así, sucesivamente. Si el profesor nota que los estudiantes se sienten cohibidos al hablar de sí mismos, puede animarlos a mentir o a hacer un poco de teatro, además de explicar el propósito de la evaluación del nivel, que puede servir para estimular a los reacios. Los demás estudiantes pueden preguntar al que está jugando o intervenir respondiéndole con su opinión.

■ IDEAS ALTERNATIVAS

El profesor puede jugar con varios grupos a la vez, si no está interesado tanto en evaluar como en integrarse en el grupo.

¡Vaya Cara!

Utiliza el ponderativo "¡Vaya...!", equivalente a "¡Qué...!" y en este caso, además, tiene un doble sentido, 'qué cara más + *cualidad* (fea, rara...)' y 'qué desvergüenza (caradura)'.

■ OBJETIVOS

Proporcionar el vocabulario que se va a necesitar en ejercicios siguientes. Vocabulario de la cara.

■ PROCEDIMIENTO

En parejas o grupos pequeños. Sin diccionarios, para que lo completen con la información de que disponen los alumnos consultándose unos a otros.

■ IDEAS ALTERNATIVAS

Para motivar un poco más puede ser útil plantear una competición: a ver qué pareja termina antes o consigue completar más huecos.

■ SOLUCIONES

De arriba abajo y de izquierda a derecha: cejas, párpados, pestañas, nariz, mejillas, barbilla, cuello, frente, ojos, pómulos, dientes, labios, boca.

■ OBJETIVOS

Tiene el mismo objetivo que el anterior, pero en este caso se trata de vocabulario del cuerpo.

■ PROCEDIMIENTO

El mismo que en el ejercicio anterior.
Si encontraran difícil el procedimiento de ordenar las letras de las palabras previamente, anímeles a anotar los nombres que conozcan directamente junto a las flechas del dibujo.

■ IDEAS ALTERNATIVAS

Para éste y el anterior, se puede animar a los estudiantes a completar las partes del cuerpo que no están señaladas; si se les invita a averiguar los nombres de los órganos sexuales, sería una buena oportunidad para hacer referencias al registro y al uso de esos nombres. Para corregirlo, el profesor, primero, y uno por uno los alumnos, después, puede acudir a instrucciones como "tócate la oreja con la mano derecha", "señálate el tobillo con el codo izquierdo"... También se puede describir cada palabra sin manos: "es un agujero que está en la barriga", o recuperar más adelante cuando se introduce **ser** / **estar**.

■ SOLUCIONES

Tobillo, muslo, talón, brazo, muñeca, uña, codo, hombro, pecho, espalda, ombligo, dedos, rodilla, cintura, cadera.

■ CUADERNO DE EJERCICIOS

Ejercicio 1: nombrar otras partes del cuerpo.

■ OBJETIVOS

Entrar en contacto con algunos usos no literales del vocabulario que conocen: expresiones fraseológicas que utilizan partes del cuerpo.

■ PROCEDIMIENTO

Se puede leer en voz alta y, después, por grupos hacer el ejercicio, completando con los otros grupos la información que hayan logrado extraer del análisis del contexto.

■ IDEAS ALTERNATIVAS

Se puede pedir que lo hagan fuera de clase, si se está en un país de habla hispana o donde haya comunidades hispanohablantes, de manera que sean los nativos los que ayuden al estudiante y el ejercicio sirva, además, como excusa para una interacción real.

■ SOLUCIONES

Meterle mano (se debe aclarar que se trata de tocar a una persona con intención sexual); estoy hasta las narices; no tiene pelos en la lengua; le he echado en cara; darme la espalda; no tiene dos dedos de frente; decirme las cosas a la cara; tenía la mosca detrás de la oreja; es el ombligo del mundo; tomando el pelo (se debe aclarar que se trata de engañar con intención de burlarse).

Aunque no se pide, puede aprovechar para aclarar otras expresiones del texto:
- "éramos uña y carne": éramos inseparables, estábamos muy unidos.
- "llegar a las manos": pelearse a golpes.
- "criticándome a mis espaldas": hablando mal en mi ausencia.
- "¡Vaya cara que tiene!": ¡qué descarado es!, ¡qué poca vergüenza tiene!

■ CUADERNO DE EJERCICIOS

Ejercicio 2: práctica controlada de transformación de frases.

■ OBJETIVOS

Practicar libremente las expresiones del ejercicio anterior en conexión con la realidad directa del estudiante.

■ PROCEDIMIENTO

Es importante hacer notar que es un retrato escrito, no dibujado. Debe pedirse un texto breve, para que todos puedan ser leídos después.

¿Y cómo es él?

Alude a una famosísima canción del cantautor español José Luis Perales, muy popular en los años ochenta, en la que un marido pregunta a su esposa cómo es su amante.

■ OBJETIVOS

Hablar del aspecto físico con **ser, estar, llevar** y **tener.**

■ PROCEDIMIENTO

En primer lugar se debe animar a los estudiantes a que aporten sus ideas sobre las frases de los bocadillos; después el profesor les puede ayudar a reflexionar ante el esquema de la libreta y, por último, decidir en parejas la solución de las seis frases; se pueden corregir al final con una puesta en común. Lo interesante del ejercicio es la posibilidad de examinar las diferencias de significado que implica el cambio de verbo. Se debe animar a los estudiantes a idear diferentes contextos en los que sean aceptables los seis ejemplos que se proponen, como los disfraces, el crecimiento, etc.

■ SOLUCIONES

1. Ambos son posibles: **tiene** sería el habitual; **lleva** valdría si hablamos de un disfraz. 2. Ambos son posibles en cualquier contexto. 3. Igual que el número 1. 4. **Es**. 5. **Está.** 6. **Está.**

Quién te ha visto y quién te ve

Es un dicho popular que expresa sorpresa ante el cambio experimentado por alguien.

■ OBJETIVOS

Hablar del aspecto físico con nuevos verbos y con perífrasis: **hacerse, volverse, ponerse, llegar a ser** y **terminar** para indicar cambio.

■ PROCEDIMIENTO

Es fácil acudir a la ironía y al humor al buscar contextos apropiados a las diferentes combinaciones, como, por ejemplo: "terminar de ministro" o "volverse vegetariano". Se puede aprovechar para explicar usos coloquiales como "ponerse guapo", por 'arreglarse' o 'vestirse de manera elegante'.

■ SOLUCIONES

Salvando los usos cómicos, la combinación más habitual puede ser (de arriba abajo y de izquierda a derecha): hacerse vegetariano, llegar a ser ministro, ponerse guapo, ponerse guapa, acabar / terminar de atracador, hacerse / llegar a ser arquitecta, hacerse / llegar a ser rica, ponerse contento, volverse cursi, volverse maleducado.

■ CUADERNO DE EJERCICIOS

Ejercicio 3: ejercicio abierto de escritura en el que se pretende forzar el uso de los verbos y las perífrasis anteriores.

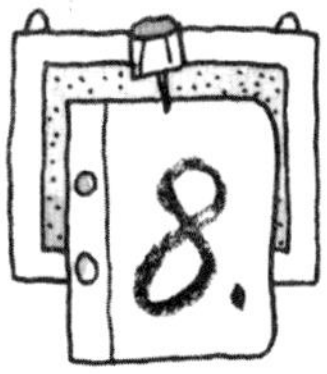

En la comisaría

■OBJETIVOS

Aprender a describir personas con cierta precisión. Ampliar vocabulario de las partes de la cabeza y la cara y adjetivos asociados.

■ **PROCEDIMIENTO**

En grupos de tres, siempre con dos estudiantes describiendo y uno en el papel de policía; se les pide que elijan a uno de sus compañeros como delincuente sin decírselo a nadie, que lo miren disimuladamente durante un momento y después no lo vuelvan a mirar; al final se pueden mostrar todos los retratos para intentar adivinar quién es cada uno. Una vez resuelta la identidad, podría hacer que reactiven ese vocabulario espontáneamente pidiéndoles que señalen qué cosas del dibujo no son muy exactas.

■ **IDEAS ALTERNATIVAS**

En lugar de elegir a un compañero pueden inventar un delincuente, pero antes los dos que describen deben ponerse de acuerdo.

■ **REFERENTES CULTURALES**

En las instrucciones, **chorizo** significa 'ladrón' en caló o lengua de los gitanos, pero está muy extendido en la lengua coloquial.

■ **CUADERNO DE EJERCICIOS**

Ejercicio 4: práctica personalizada del vocabulario nuevo.

■ **OBJETIVOS**

Reflexionar sobre el contraste **ser / estar** y usarlo significativamente.

■ **PROCEDIMIENTO**

Se debe empezar advirtiendo a los estudiantes que la explicación progresará de lo más fácil a lo más difícil, empezando por repasar lo que se supone que deben saber. También se debe advertir, esta vez al profesor, que lo que sigue no es una explicación exhaustiva de la diferencia entre **ser** y **estar**, pero sí recoge los usos más básicos y los problemas que consideramos más habituales. De todas formas, conviene insistir en los errores más frecuentes entre sus alumnos.

Página 16. Antes de examinar con los estudiantes el primer cuadro (abajo), podría pedirles que sacaran sus propios carnets y sigan el proceso con ellos.

Páginas 17, 18 y **19.** Entre todos, se siguen todas las explicaciones procurando que los estudiantes busquen ejemplos y contextos adecuados para los casos que se presentan, sobre todo para el primer cuadro de la página 18, en el que se pueden dejar unos minutos para ello, y después corregirlo entre todos. El mismo procedimiento sirve para el segundo cuadro de la página 18 y para el ejercicio que le sigue. También, para la libreta y para el ejercicio de la página 19.

■ **SOLUCIONES**

Página 19. Los globos de la izquierda van con **ser** y los de la derecha, con **estar.**

■ **REFERENTES CULTURALES**

En la tarjeta de identificación de la página 16 aparece el nombre **Carles**, que es el nombre masculino **Carlos**, pero en catalán.

■ **CUADERNO DE EJERCICIOS**

Ejercicio 5: práctica contextualizada de la diferencia **ser/estar**.
Ejercicio 6: práctica controlada de transformación de frases.
Ejercicio 7: práctica contextualizada en un texto literario.

La Fisonomía

Es el aspecto particular del rostro de una persona, objeto de estudio en la actividad, que está basada en algunas nociones de Fisiognomía (estudio del carácter a través del aspecto físico y, sobre todo, a través de la fisonomía del individuo).

■ OBJETIVOS

Este juego es una excusa para que los estudiantes entren en contacto directo, se miren y recuerden las caras, hablen de sí mismos y establezcan unas primeras relaciones afectivas. Reutilizar vocabulario de la cara y descripción de la personalidad, usos de **ser** y **estar**.

■ PROCEDIMIENTO

Grupos de tres. El profesor debe decirle a los estudiantes que no se lancen a buscar en el diccionario todas las palabras que no comprenden, sino que busquen sólo las que sean operativas, las que necesiten para explicar a sus compañeros el tipo de cara y el carácter que les corresponden, y no el resto de las posibilidades. Es también importante que sepan que las descripciones que aparecen son aproximadas y que sus caras no tienen que encajar exactamente en uno de los tipos: en caso de duda se debe identificar simplemente con el más parecido.

■ REFERENTES CULTURALES

La fotografía de la página 20 es del actor español Antonio Banderas, descubierto para el cine por el director Pedro Almodóvar (*La ley del deseo, Matador, Mujeres al borde de un ataque de nervios, Átame*) y lanzado al estrellato en la industria americana a partir de su aparición en *Entrevista con un vampiro.*

La senda de tu vida

■ OBJETIVOS

Activar libremente lo estudiado hasta ahora: recursos para la descripción de la personalidad.

■ PROCEDIMIENTO

Es un test psicológico que sirve para conocerse uno mismo un poco mejor, con un formato de programa de radio y que también le sirve al profesor para medir el nivel de comprensión auditiva de sus estudiantes.Se debe escuchar siguiendo las instrucciones del propio programa de radio. A veces convendrá parar la cinta porque los silencios que dispone para que el alumno responda por escrito a las preguntas del test pueden no ser suficientes. Es probable que los estudiantes necesiten palabras como **frondoso, amanecer, atardecer, anochecer, sombra, penumbra**, etc., pero se puede esperar que las soliciten.

En la segunda parte del test, el psicólogo ofrece las claves de interpretación, momento en el cual los alumnos deberán tomar nota de cada una de ellas. Ya con las claves, pueden interpretar bien sus propias respuestas, bien las de su compañero intercambiándose los textos, para llegar a una descripción de la personalidad. Explicar los resultados ofrece la oportunidad de contrastar el resultado del análisis con la opinión del sujeto aludido.

TRANSCRIPCIÓN

LOCUTORA: ¿Cómo está usted, profesor Froidián?
PROFESOR: Me encuentro perfectamente... gracias.
LOCUTORA: Todo el mundo ha oído hablar de usted y le reconoce como el más importante psicoanalista vivo, pero ¿le importaría contarle a nuestros oyentes cómo empezó a interesarse por el maravilloso campo de los sueños y de lo inconsciente.

PROFESOR: Ehte... pues bien... Empezaré por el principio: yo nací en un pueblecito, allá en la Pampa...

LOCUTORA: ¡Qué estupendo! Y después viajó a París, ¿no es así, profesor?

PROFESOR: Efectivamente, viaje a París...

LOCUTORA: ¡Qué bien! Pero vamos a revelar ya en qué consiste la sorpresa... ¿Quieres conocer tu lado oscuro? ¿Quieres saber cuáles son tus deseos inconfesables? Atención: toma un lápiz y un papel en blanco, siéntate cómodamente y sigue las instrucciones que el profesor te indicará .¿Está preparado, profesor?

PROFESOR: Estoy preparado. Querido oyente, prepárese para el viaje más emocionante que jamás haya emprendido: el viaje al interior de sí mismo. Para ello, vaya tomando nota de todo lo que les dicte su imaginación a medida que yo vaya hablando. Empecemos por imaginar que caminamos por un bosque, ¿cómo es ese bosque? [pausa] ¿Es de día o de noche? De repente, en su paseo por ese bosque, encuentra un camino: ¿decide seguir por el camino o prefiere seguir caminando por el bosque? [pausa] Sigue caminando y esta vez en su paseo encuentra un muro, ¿cómo es ese muro?, ¿es alto o bajo? [pausa] ¿Qué hace para pasar ese muro?, ¿cómo consigue superarlo? [pausa] Bien, sigue caminando y observa que sobre el piso hay una llave, ¿cómo es esa llave? [pausa] ¿Qué hace con esa llave?, ¿la recoge o la deja donde está?, ¿se la guarda o la tira? [pausa] Un poco más adelante ve una casa que quiero que me describa también [pausa] Por cierto, ¿hay gente dentro de esa casa? [pausa] Detrás de la casa hay un lago, ¿cómo es? [pausa] Y por último, ¿se bañaría usted en el lago? [pausa] Bien, deje ahora el papel y el lápiz. Vamos a tener el placer de descubrir lo que dice de usted mismo su descripción de este intrigante paseo. El bosque representa su visión de su propia vida: si es grande y frondoso, con árboles llenos de hojas, eso significa que está a gusto con su forma de vivir; un bosque pequeño, con pocos árboles, indica que en realidad no lleva la vida que le gustaría. Si es de día, afronta usted su porvenir con energía y optimismo; si es de noche, su futuro se presenta difícil;el amanecer y el atardecer indican un momento de cambio. El camino es el símbolo de la seguridad en la vida: si lo sigue, es que no le gusta arriesgar; si sigue andando por el bosque, quiere decir que tiene un gran espíritu de aventura. El muro simboliza su imagen de los problemas que se presentan día a día; si el muro es alto y firme, las dificultades cotidianas son importantes; si el muro es de su misma altura o más bajo, usted no le da a los problemas más importancia de la que tienen. El modo de enfrentarse al muro es el modo en que habitualmente se enfrenta a las dificultades: saltar, trepar con esfuerzo, pasar a través de un agujero, destruirlo o simplemente dar un rodeo. La llave es la imagen de la amistad; una llave antigua y oxidada indica que valora mucho la amistad, quizá porque necesita compañía y comprensión; una llave nueva y moderna, en cambio, significa que sus relaciones con los demás son superficiales y que, en realidad, no siente la necesidad de tener buenos amigos. Si ha optado por recoger la llave y guardarla es porque considera que los amigos son para toda la vida, tiene un alto concepto de la fidelidad y sufre mucho cuando alguien le falla; si ha optado por dejar la llave en el piso, es usted un ser autosuficiente e, incluso, solitario, además tiende a ser bastante infiel en las relaciones de pareja. La casa simboliza el concepto que usted tiene de sí mismo; si es una casa antigua, se considera una persona valiosa; si es una casa acogedora, se considera una persona comprensiva; si la casa está en ruinas, mejor visite rápidamente a un psicoana lista. El amor está dentro de la casa, es decir, dentro de uno mismo; si la casa está habitada, sin duda está usted enamorado o siente una fuerte atracción hacia alguien. El lago es la imagen que usted tiene del sexo; naturalmente, no es lo mismo un lago cristalino, azul y limpio que un lago sucio, oscuro e, incluso, helado; y, por supuesto, no es lo mismo, bañarse en el lago placenteramente que quedarse fuera mirando: seguro que usted puede sacar sus conclusiones. Bien, pues esto es todo: deseo que su paseo por su inconsciente haya servido para conocerse un poco mejor.

LOCUTORA: Muchas gracias, profesor, ha sido fascinante... nunca hubiera pensado que... bueno, mejor no lo cuento... Y vosotros, ¿estáis sorprendidos? Pues esto no es nada, volved a sintonizarnos en el próximo programa en el que tendremos nuevas sorpresas... Por hoy nos despedimos con música.

¡Qué carácter!

■ OBJETIVOS
Reconocer e incorporar vocabulario de personalidad y presentar modelos para referirse a palabras que no se conocen: en este caso, adjetivos de personalidad mediante descripciones de actitudes.

■ PROCEDIMIENTO
Parejas. Se pueden ayudar del sistema de eliminación; si les resulta difícil, el profesor puede poner en común la columna de la izquierda y dejar que los estudiantes completen, con lo aprendido, la de la derecha.

■ IDEAS ALTERNATIVAS
Administrar esta actividad después de la nº 14 puede añadirle el interés de activar en un marco el vocabulario y las estrategias propuestos en las actividades nº 12, 13 y 14.

■ SOLUCIONES
Numeramos las definiciones de arriba abajo del 1 al 11; i = izquierda; d = derecha:
Carácter fuerte: 3i y 1d. Brusco: 8i y 3d. Minucioso: 1i y 7d. Impulsivo: 7i y 8d. Sensato: 4i y 9d. Introvertido: 6i y 4d. Frívolo: 2i y 10d. Austero: 9i y 5d. Apático: 10i y 11d. Tacaño: 11i y 6d. Presumido: 5i y 2d.

■ OBJETIVOS
Igual que el anterior, pero en este caso productivamente: activar recursos de referencia al carácter.

■ PROCEDIMIENTO
Se deben hacer dos descripciones para un adjetivo de libre elección, que les resulte difícil, algún falso amigo o, en general, cualquiera que resulte rentable. Después se puede organizar un concurso en el que se elija la mejor definición o la más original.

■ CUADERNO DE EJERCICIOS
Ejercicio 8

■ **OBJETIVOS**

Manejar la morfología de un vocabulario del que se va a hacer uso en el ejercicio siguiente: sustantivos derivados de adjetivos que califican el carácter y la personalidad.

■ **PROCEDIMIENTO**

Se debe procurar que los estudiantes deduzcan la solución y consulten con los compañeros antes de acudir al diccionario o al profesor. La intención se desarrolla con la segunda parte que sigue a las dos columnas de adjetivos y con el ejercicio 10 del *Cuaderno de Ejercicios*.

■ **SOLUCIONES**

Sencillez, sensatez, sensibilidad, sinceridad, tacañería, creatividad, ingenuidad, debilidad, egoísmo, espontaneidad, frialdad, fortaleza, generosidad, idealismo, impaciencia, superficialidad, inseguridad, inteligencia, locura, naturalidad, objetividad, pereza, pesimismo, irresponsabilidad.

■ **CUADERNO DE EJERCICIOS**

Ejercicio 9: práctica de lo mismo pero a la inversa: dado el sustantivo, hallar el adjetivo.

Ejercicio 10: práctica personalizada menos dirigida.

La grafología, dime cómo escribes y te diré cómo eres

La grafología es la "ciencia" según la cual la escritura manual refleja la forma de ser del individuo que la realiza. La frase "dime cómo..." parafrasea el refrán que dice "dime con quién andas y te diré quién eres".

■ **OBJETIVOS**

Discurso interpretativo que se verbaliza a partir de diferentes tipos de fuente (un texto escrito convencional, un diagrama y una tabla): se exige la lectura, la toma de notas y el resumen, como pasos previos. Se recupera todo lo aprendido en la unidad, especialmente a partir de la actividad 4, y se añade vocabulario de descripción de la personalidad, así como instrumentos para organizar el discurso formal oral (cuadro de la página 29).

■ **PROCEDIMIENTO**

Es importante seguir paso a paso las instrucciones del *Libro del Alumno.*

Página 25 y 26 arriba. La primera parte de la actividad consiste en atribuir adjetivos a las firmas, pero no tiene que hacerse de modo exhaustivo ni atenerse a la realidad. No importa que no conozcan a los personajes, aunque puede ser una excusa para que el profesor les hable de ellos (véase el apartado REFERENTES CULTURALES).

Páginas 26 abajo, 27 y 28. Se trata de un ejercicio de lectura que contiene tres tipos diferentes de textos (por orden de aparición: un texto escrito convencional, un diagrama arbóreo y una tabla), pero que contienen partes complementarias de la información que requiere el estudiante para realizar la actividad y cuya interpretación requiere que el estudiante vaya tomando las notas que crea necesarias en el cuadro de la página 28 abajo.

Conviene advertir que en el esquema de la página 27, los signos + y - preceden a las cualidades positivas y negativas que implica cada tipo de margen.

Página 29. Se les pide a los estudiantes que expliquen los resultados de su trabajo a sus compañeros, con lo cual el profesor debe insistir en que se trata de explicar y no de leer, para lo que pueden usar a discreción los recursos de la libreta de esa misma página.

■ REFERENTES CULTURALES

Las firmas corresponden a:

a) Pablo Ruiz Picasso, n. Málaga (España) 1881 - m. Castillo de Mougins (Francia) 1973, el más famoso, revolucionario e influyente pintor del siglo XX.

b) Salvador Dalí, n. Girona (España) 1904 - m. 1989, el más popular pintor y personaje surrealista, en sus comienzos, compañero de vanguardia de Federico García Lorca y de Luis Buñuel.

c) Isabel Allende, n. Lima 1942, de nacionalidad y familia chilena (sobrina del derrocado presidente democrático Salvador Allende), periodista y autora de novelas de gran éxito, como *La casa de los espíritus*.

d) Antonio Gaudí, n. Reus (España) 1852 - m. Barcelona (España) 1926, arquitecto modernista que llenó Barcelona de originalísimos edificios que se han convertido en símbolo de esa ciudad.

■ CUADERNO DE EJERCICIOS

Ejercicios 11 y 12: ejercicios de escritura dirigidos y contextualizados.

Un poco de literatura

■ OBJETIVOS

Acercar al estudiante a un creación literaria antigua y de gran dificultad lingüística, con el mismo tema de la unidad pero de gran comicidad, y darle "una inyección extra de moral".

■ PROCEDIMIENTO

El profesor debe advertir antes de la dificultad del texto, incluso para nativos, pero que pueden entenderlo si se ayudan de las notas y se toman el tiempo necesario.

Si el grupo es impaciente, quizá sea mejor pedir que lo hagan en casa.

■ REFERENTES CULTURALES

Francisco de Quevedo (1580-1645) es uno de los principales literatos del Barroco español. Maestro conceptista en el arte de la hipérbole y la exageración. Cronista crítico de la época de decadencia y miserias del Imperio Español. Su personalidad fue tan satírica, provocadora e ingeniosa como su obra.

ÉRASE UNA VEZ

¿De dónde venimos? ¿Adónde vamos?

Nombre: ....

Apellido: ....

Fecha: ....

Curso: ....

UNO. Anota en qué situaciones piensas que se usan los tiempos del pasado y qué se hace con ellos.

DOS. ¿En qué situaciones podrías decir...?

1. He desayunado mucho.
2. Desayuné mucho.
3. Desayunaba mucho.
4. Había desayunado mucho.

TRES. ¿Son posibles las siguientes frases?, ¿por qué?

1. Ayer, cuando estuve estudiando, me llamó Lola.
2. Ahora está bien pero el año pasado estaba fatal.
3. El caballo del Cid se llamó Babieca.
4. Juan se ponía a comer a las dos y estaba en la mesa hasta las tres. Estaba comiendo una hora.

ÉRASE UNA VEZ

Recoge una fórmula tradicional de comienzo de los cuentos infantiles. Éste es el tipo de texto que básicamente utilizará la unidad para introducir la reflexión sobre el uso de los tiempos del pasado, por ser uno de los más estructurados y compartidos por diversas culturas.

■ OBJETIVOS

Se pretende un acercamiento ordenado al funcionamiento de los tiempos del pasado en español, que pone sobre la mesa reflexiones y reglas ya conocidas por los estudiantes de nivel avanzado para afianzarlos en la comprensión del sistema y llevarlos hasta los extremos que habitualmente resultan problemáticos en este nivel: la extensión de las reglas conocidas al uso real y el acercamiento a los errores más comunes, relacionados frecuentemente con problemas léxicos.

■ CONTENIDOS FORMALES

Supuesto el dominio de la morfología de los tiempos del pasado, la unidad persigue la comprensión de su uso contrastivo.

■ DEBATE

Los cuentos infantiles, ¿educan o deforman? ¿Qué relación pueden tener los cuentos tradicionales con la realidad? ¿Qué ha sustituido al cuento en nuestra sociedad? ¿La televisión es el nuevo narrador? ¿Se ha perdido la imaginación?

Lo pasado, pasado está

Hace referencia precisamente al objetivo de la actividad: comprender la virtualidad del Indefinido como mecanismo para relegar cualquier hecho a un pasado desconectado del momento del habla.

■ OBJETIVOS

Extender la comprensión del Perfecto y el Indefinido a través del uso contrastivo y la comprensión de la lógica que subyace a su selección nativa (uso del español peninsular estándar). Entender el uso intencional del Indefinido en contextos propios del Perfecto. Identificar la relación habitual de determinados marcadores de tiempo con el **Perfecto** o el **Indefinido.**

■ PROCEDIMIENTO

Página 32. Recuerde al alumno la asociación habitual de los marcadores de la izquierda del cuadro con el Perfecto y la de los de la derecha con el Indefinido. Es aconsejable que ellos mismos extraigan, discutiendo en parejas por ejemplo, la regla que permite esta asociación. Pedir inmediatamente al alumno que complete la tabla con los marcadores ofrecidos abajo es pedirle que demuestre haber comprendido la lógica de estas asociaciones e invitarlo, por tanto, a extender su capacidad de elegir adecuadamente el tiempo verbal. Una posible formulación:

PRETÉRITO PERFECTO: Referencias temporales no concretas que incluyen el presente y referencias temporales concretas que tienen que ver con "hoy" (el día dentro del cual hablo) o incluyen el demostrativo "este/-a/-os/-as" (identificación lingüística con el ámbito de la primera persona -yo- y, por lo tanto, con el ámbito temporal del presente).
INDEFINIDO: Referencias temporales, concretas en todo caso, ajenas al ámbito del presente (ayer vs. hoy; el año pasado vs. este año). Referencias que incluyen los demostrativos "ese" y "aquel".
Página 33. Una vez hecho esto, se propone al alumno tres enunciados que, aparentemente, no respetan las reglas de asociación estudiadas. Hágales discutir, en parejas o grupos de tres, una explicación satisfactoria.
El esquema que sigue formaliza y ejemplifica las reglas de selección discutidas.
Página 34. Haga que cada alumno complete individualmente el cuadro, cuidando que no se dejen llevar por el ejemplo escribiendo siempre Hace... Debe procurarse, al contrario, que incluyan la mayor variedad de marcadores en orden a que la necesidad de selección sea efectiva. Una vez completado, sitúelos en parejas e invítelos a intercambiar la información oralmente. Pedirles después, hablando ante toda la clase, que comenten lo más interesante, extraño, lógico, etc., que han aprendido con su compañero, puede ser un buen mecanismo de realimentación.

■ SOLUCIONES

Página 33. Enunciado 1 (**estuve**): El hablante, en su intención de tranquilizar a la mujer, marca como completamente pasado el problema que existía a través del Indefinido. Enunciado 2 (**se fue**): El hablante hace lo mismo para marcar que, en ese contexto, una hora es demasiado tiempo para que sea posible la presencia de esa tercera persona. Enunciado 3 (**estuviste**): En este caso, el contexto de referencia determina obligatoriamente el uso del Indefinido, puesto que se habla de un ámbito temporal cerrado al Presente (**cuando eras joven**).

■ REFERENTES CULTURALES

Página 32: mili es el servicio militar, que en España es obligatorio, aunque existe para los objetores de conciencia un servicio social sustitutorio.

■ CUADERNO DE EJERCICIOS

Ejercicio 1: comprobación lúdica del dominio de la morfología del Indefinido.
Ejercicio 2: insistencia en la asociación de marcadores con Perfecto/Indefinido.
Ejercicio 3: práctica de selección de Perfecto/Indefinido en contexto.

¿Cuántos cuentos cuenta el Cuentacuentos?

El contexto de los cuentos infantiles se marca con un título en forma de trabalenguas. Quizá puede ser simpático hacerlo leer a los alumnos rápidamente o introducir anecdóticamente otros trabalenguas en español.

■ OBJETIVOS

Identificar morfológicamente indefinidos e imperfectos. Comprender el uso de los tiempos del pasado en relación con la estructura informativa del relato. Comentar y producir un relato sin una presión gramatical explícita.

■ PROCEDIMIENTO

Página 35. Estimule una discusión en parejas o grupos pequeños sobre el posible funcionamiento de la máquina. El objetivo es despertar en el alumno la conciencia de la estructura informativa del relato a través los cuentos infantiles. Si los estudiantes no se consideran capaces de ofrecer una explicación, puede hacerlo usted brevemente, destacando las funciones representadas en la máquina (descriptor, depósito de situaciones, inyector de acontecimientos) y los tiempos verbales con que se alimentan.

Página 36. Puede llevarse a cabo una lectura en voz alta por turnos, haciendo hincapié en cómo este texto materializa la estructura del relato discutida anteriormente. Al mismo tiempo que se lee, es aconsejable pedir a los alumnos que subrayen de modo diferenciado (con una o dos rayas, por ejemplo) los indefinidos e imperfectos que vayan encontrando. Será útil después para encontrar los ejemplos que se piden en la página 38.

Página 37. El mismo procedimiento puede ser válido para esta continuación alocada de la historia. Es conveniente, sin embargo, que ahora vayan identificando las informaciones que no corresponden con la historia auténtica. Una vez leído, invítelos a señalar qué sucesos son erróneos, tratando de que con ello se empiece a hablar en la clase en pasado sin un claro énfasis en la corrección y así poder comprobar las posibles dificultades. Invitar a los alumnos a completar de manera breve la historia propuesta, simplemente discutiendo el posible final en parejas o grupos pequeños, puede ser divertido y creativo para ellos y ofrece al profesor otra oportunidad para hacerse una idea de cómo dominan el uso de los pasados en español.

Página 38. Los ejemplos que se piden están organizados según la función básica del Indefinido (contar acontecimientos) y las tres también básicas del Imperfecto (acciones habituales, descripciones, establecimiento de situaciones para el acontecimiento). Si antes habían subrayado los verbos, la localización será rápida.

■ OBJETIVOS

Formalizar de manera integrada las exigencias de selección operativa de los tres tiempos vistos hasta el momento: Perfecto, Indefinido e Imperfecto.

■ PROCEDIMIENTO

Conviene asegurarse de que los estudiantes pueden entender el esquema como resumen de lo estudiado.

■ CUADERNO DE EJERCICIOS

Ejercicio 4: selección de Indefinido/Imperfecto y continuación escrita de la historia.

■ OBJETIVOS

Decidir respuestas de acuerdo con el contexto. Despertar la conciencia en el alumno del carácter dependiente y secundario del uso del Imperfecto en el establecimiento de situaciones o contextos de la acción, que supone frecuentemente la causa de errores típicos: un Imperfecto usado sin un contexto de descripción o habitualidad es inmediatamente interpretado por un nativo como un factor de situación, a la espera del acontecimiento que se enclave en ella. Note que en cada una de las cuatro declaraciones se utiliza sólo un tiempo verbal (Indefinido o Imperfecto), y que la única en que el inspector de policía considera que no se ha satisfecho la pregunta es la del portero, a quien se le pregunta por lo que pasó, pero quien se limita a describir la situación, provocando en el inspector la expectativa no satisfecha de un suceso.

■ PROCEDIMIENTO

Página 39. Trate de poner a los alumnos en situación, de modo que el contexto de comunicación sea claro. Indique a los alumnos que presten atención a la respuesta que eligen de acuerdo con el contexto.

Página 40. A la hora de corregir los resultados toda la clase haga hincapié, primero, en la adecuación pragmática de las respuestas, y después en las consecuencias que se derivan de la satisfacción o insatisfacción del inspector con lo dicho, que está en relación directa con la función del Imperfecto y el Indefinido en cada una (contar sucesos en el caso de la camarera, describir personas en el de la invitada, hablar de hábitos en el del encargado de seguridad y establecer situaciones en el del portero).

■ SOLUCIONES

Declaración de una camarera: "De acuerdo. Eso es todo".
Declaración de una invitada: "Es usted una persona muy observadora. Gracias".
Declaración del encargado de seguridad: "Ah, bueno. Entonces puede irse".
Declaración de un portero: "Muy bien, ¿y qué?".

■ OBJETIVOS

Página 40. Reflexionar sobre una de las mayores fuentes de errores en este nivel: la transmisión de la perspectiva del relato (*acciones como contexto* y *acciones principales*) recurriendo exclusivamente al cambio de tiempo verbal, sin tener en cuenta la cualidad referencial del verbo y, en consecuencia, la dificultad de justificar el Imperfecto de descripción en verbos que se refieren básicamente a acciones (**disparar**), o el Indefinido en los que describen situaciones (**tener**).

Páginas 41 y 42. Fijación de otros mecanismos léxicos y gramaticales para dar cuenta más precisa de la perspectiva de las acciones.

■ PROCEDIMIENTO

Página 40. Todos los enunciados del cuadro son posibles en Imperfecto si el contexto es una acción habitual en el pasado. Advierta a los estudiantes que vamos a hacer una distinción entre *contar* acciones puntuales y *describir* personas, cosas o situaciones. La resolución de los dos cuadros propuestos será más significativa si se lleva a cabo cooperativamente. Invite a los alumnos a decidir el uso de cada verbo e imaginar ejemplos verosímiles.

Hágales ver, en todo caso, que no se trata de un examen, sino simplemente de apelar a su propia conciencia de uso, para contrastarla con el uso adecuado en español. Aproveche los errores para hacerlos conscientes de la contradicción entre la perspectiva introducida por el tiempo verbal y el significado del verbo.

El segundo cuadro plantea contraejemplos del primero, forzando el uso de verbos de descripción en Indefinido. Haga ver a los alumnos que, en los casos en que el enunciado es posible, hay una intención muy determinada de circunscribir la referencia del verbo a un contexto concreto.

Página 41. Es interesante explicar el esquema haciendo especial hincapié en la posibilidad de formular cada uno de los mecanismos relacionados en Imperfecto (describir circunstancias) o Indefinido/Perfecto (contar acciones principales). Conviene, asimismo, señalar el carácter marcado y opcional de la elección del Pluscuamperfecto (Indefinido o Perfecto para referirse a la acción en sí misma, Pluscuamperfecto para situarla en relación a otra).

Página 42. Asegúrese de que los alumnos conocen las perífrasis expuestas y promueva la explicación de aquellas que alguno no conoce por parte del resto de la clase con ejemplos. Una buena manera de comprobar si son capaces de usarlas adecuadamente es animarlos a intentar, en parejas, reproducir el cuadro, incluso con dibujitos, con acciones parecidas, que ocupan un determinado tiempo (**estudiar, andar, ver la televisión, dormir**, etc.). Para llegar un poco más allá pueden mezclarse estas acciones con otras de carácter puntual, que no admiten determinadas perífrasis o cuyo significado cambia al usarlas (**sentarse, encender la luz, caerse, nacer**, etc.).

■ SOLUCIONES

Página 40. CUADRO 1. Quedarse callado: contar. Tener prisa: describir (una situación). Caerse: contar. Parecerse a su madre: describir (a una persona). Llamarse: describir (a una persona). Morir: contar. Nacer: contar. Estar tranquilo: describir (una situación). Disparar: contar. Llevar pendientes: describir (a una persona)

CUADRO 2. Aunque con un contexto adecuado todos los enunciados son posibles, el grado de dificultad de encontrar o entender algunos de ellos no hacen operativa, en principio, su explicación a alumnos de este nivel. Sería preferible, por lo tanto, dar por imposibles aquellos que suponen la fuente más común de errores por lo estricto de los contextos en que son adecuados. Ofrecemos, no obstante, un posible contexto para todos.

- Tuvo 27 años: **Imposible** (aunque: "Tuvo 27 años para pensárselo" -'dispuso de'-; o resultativo: "Llegó el día en que tuvo 27 años" -'había cumplido'-).
- Tuvo una idea: **Posible** (En ese momento tuvo una idea -'se le ocurrió'-)
- Fue rubio y alto: **Imposible** (aunque: "Creían que sería bajito y moreno, pero el niño fue rubio y alto" -'resultó ser-').
- Se llamó Lola: **Imposible** (aunque: "Durante 30 años se llamó Lola, y después se cambió el nombre"; o resultativo: "La niña se llamó Lola, como quería su abuela" -'fue llamada'-).
- Estuvo cansado: **Posible** ("Estuvo cansado toda la tarde").
- Estuvo casado: **Posible** ("Estuvo casado dos meses, hasta que se divorció").
- Se pareció a su padre: **Posible** ("Cuando hizo aquel gesto, se pareció a su padre").
- Llevó sombrero: **Imposible** (aunque: "A aquella fiesta llevó sombrero" -mezcla del sentido descriptivo de 'llevar ropa' y el activo de 'llevar a un sitio'-).

Llevó a su hermana: **Posible** (por tratarse de 'llevar a un sitio': "Llevó a su hermana a la estación").

■ **CUADERNO DE EJERCICIOS**

DE LA PÁGINA 40:

Ejercicio 5: fijar de forma controlada el uso de verbos de acción frente a verbos de descripción.

DE LAS PÁGINAS 41 Y 42:

Ejercicio 8: práctica controlada de perífrasis verbales en el contexto de un relato.

Ejercicio 9: práctica libre de perífrasis verbales en el contexto de un relato. Contraste con un texto escrito por nativos.

DE TODA LA ACTIVIDAD:

Ejercicio 6: identificación de errores relacionados con el uso de los tiempos del pasado.

Ejercicio 7: práctica semicontrolada del uso de los tiempos del pasado: completar y continuar una historia (con imágenes).

Ejercicio 10: práctica controlada: completar un texto narrativo con la forma, el tiempo y el verbo adecuado.

Un poco de literatura

■ **OBJETIVOS**

Negociar el orden de una historia, atendiendo a la adecuación contextual. Insistir en el contacto con textos narrativos. Apreciar la poesía de Darío, como ejemplo de las posibilidades de ritmo y musicalidad de la lengua española.

■ **PROCEDIMIENTO**

Distribuya la clase en parejas y estimule una competición para ver qué pareja consigue antes restituir el orden correcto al poema. En la comprobación con toda la clase pida contribuciones de todos y aproveche los errores para subrayar los factores de cohesión y coherencia que determinan este orden. Llame la atención después sobre la musicalidad y el ritmo de este poema, que son constantes en la obra de Darío. Ensayar y leer en voz alta el poema recompuesto puede ser un magnífico ejercicio de dicción, dadas las virtudes de la sonoridad antes aludida.

■ **SOLUCIONES**

1. Este era un rey que tenía (...).
2. un quiosco de malaquita (...).
3. Una tarde la princesa (...).
4. La quería para hacerla (...).
5. Pues se fue la niña bella (...).
6. Y siguió camino arriba (...).
7. Cuando estuvo ya de vuelta (...).
8. Y el rey dijo: "¿Qué te has hecho? (...).
9. La princesa no mentía (...).

10. Y el papá dice enojado (...).
11. La princesa se entristece (...).
12. Y así dice: "En mis campiñas (...)

■ REFERENTES CULTURALES

El cuento es una versión reducida de un poema de Rubén Darío (1867-1916) aparecido en uno de sus últimos libros, el titulado *Poemas de otoño* y otros poemas. Félix Rubén García Sarmiento era el nombre auténtico de este gran poeta nicaragüense, quizá el mejor representante del "modernismo" hispánico (ca. 1880-1940). La aparente cursilería y vaciedad de este poema, como gran parte de su obra, responde a la búsqueda de la belleza por sí misma, como signo de rebeldía contra la sociedad.

Él estaba cómodo en casa y...

■ OBJETIVOS

Desarrollo de la comprensión oral. Contacto receptivo con el uso de los pasados en el relato, en este caso con el formato textual de anécdota.

■ PROCEDIMIENTO

Puede hacer escuchar la canción a la clase una vez sin ver la letra. Averigüe qué cantidad de información han podido obtener, pidiendo la contribución de todos. Después, haga escuchar la canción de nuevo disponiendo ahora de la letra. La canción puede ser una excusa para motivarlos a contar oralmente una anécdota de su propia experiencia, poniendo en práctica su dominio real de los tiempos del pasado.

BUSQUE, COMPARE, Y SI ENCUENTRA ALGO MEJOR...

¿De dónde venimos? ¿Adónde vamos?

Nombre: ....

Apellido: ....

Fecha: ....

Curso: ....

UNO. ¿Qué significan las siguientes palabras?

› anuncio:

› eslogan:

› persuadir:

› marca:

› publicidad:

DOS. ¿Qué queremos decir cuando, en una conversación, alguien dice...?

1. A mí esta música me pone como una moto.
2. Coge las llaves por si las moscas.
3. ¡Venga, vamos al grano!, ¿qué te pasa?
4. A ti lo que te hace falta es echar una cana al aire.

TRES. Explica un posible contexto de las siguientes frases: ¿Quién habla, a quién, a qué se refiere? Presta atención a los pronombres.

1. ¡Cállate ya! Te lo compro, pero luego no lo rompas.
2. Se lo he contado y se ha enfadado mucho. No quiere ser padre todavía.
3. Pues yo se lo dije antes de que se la operara.

CUATRO. ¿Cómo sería el producto ideal, más revolucionario, novedoso y divertido que te gustaría inventar y anunciar?

BUSQUE, COMPARE, Y SI ENCUENTRA ALGO MEJOR...

Hace alusión a un conocido anuncio español de un detergente, en el que se retaba al con su midor a encontrar un producto con más cualidades y ventajas. En la página 52 aparece una versión posterior de este anuncio en el que se usa el eslogan en pasado.

OBJETIVOS

Acercar al estudiante a los recursos retóricos del lenguaje a través de la publicidad, mostrando las posibilidades "poéticas" del español en el juego de significados y el valor de la persuasión de los recursos lingüísticos.

CONTENIDOS FORMALES

En primer lugar se presentan diez expresiones idiomáticas, además de vocabulario relacionado con el área temática de la publicidad, los anuncios, los productos y las técnicas de persuasión de los mismos. En segundo lugar se tratan los pronombres personales en dos cuadros gramaticales.

DEBATE

La sugerencia final de debate puede tener como tema general la publicidad, considerando otras cuestiones para agilizar la discusión: la sociedad de consumo, la necesidad imperiosa de consumir, la presencia constante de la imagen y la palabra, la publicidad como paraíso de mentiras, persuasión o engaño, todo vale en la publicidad, la ética no tiene lugar siempre que se venda, la publicidad es el arte de nuestro siglo, nos hace más libres porque podemos elegir, nos esclaviza porque no nos deja pensar...

Para iniciar el debate se puede proponer que se comenten algunos anuncios que hayan llamado su atención por su originalidad, su creatividad, su agresividad o su mal gusto. En las clases multilingües es una puesta en común que aporta elementos de reflexión sobre los diferentes contextos. En las aulas monolingües son referentes conocidos por todos. Preguntas que siempre agilizan y animan el debate son: ¿son los anuncios políticamente correctos?, ¿respetan la dignidad humana, la igualdad de sexo, raza, ideología, clase social, etc.?

OBJETIVOS

Ejercicio de vacío de información en el que los alumnos deben comunicarse efectivamente para buscar la información que necesitan y ofrecer la que les requieren. Expresiones idiomáticas y recursos de paráfrasis de las mismas.

PROCEDIMIENTO

El ejercicio se realiza en parejas. Cada alumno, en primer lugar, debe leer sus cinco expresiones y anotar una interpretación posible para cada una de ellas. Si conoce la expresión, no importa. Después, cada estudiante leerá las explicaciones que tiene en su página y que corresponden a las explicaciones del compañero.Terminado este trabajo individual los dos empezarán a poner en común sus interpretaciones hasta llegar a casarlas. Se aconseja advertir a los estudiantes que nunca lean la página opuesta, para que así se obliguen a interactuar comentando y preguntando.

Conviene también recordarles que las explicaciones están desordenadas y que tienen que identificarlas hablando. Al final el profesor puede dar las claves de la solución o, mejor aún, hacer una puesta en común para que entre todos completen las diez expresiones.

■ IDEAS ALTERNATIVAS

Después de haber puesto en común la solución final se puede hacer un inventario de las primeras interpretaciones posibles más divergentes, extrañas o disparatadas, pues a veces no se corresponden con el original. Se le da un tono más ameno y se le resta importancia al posible "fallo", dándole también relevancia a su producción, a pesar de no ser la correcta.

■ SOLUCIONES

A

No te cortes: Este verbo, con pronombre, no significa partir...
No le des más vueltas. Ve al grano: Lo contrario es andarse por las ramas...
Para que hagas el mejor papel: La expresión significa quedar bien...
Ponte como una moto: Se dice esto cuando una persona está muy animada...
Déjales con la boca abierta: Esta expresión significa sorprender a la gente...

B

En cuerpo y alma: Se usa esta expresión para decir que te dedicas a algo enteramente...
Está en tus manos: Se dice esto cuando algo depende de ti...
Punto por punto: Se dice cuando, por ejemplo, explicas una cosa con mucho cuidado...
Por si las moscas: Se usa esta expresión, por ejemplo, si está nublado...
Echar una cana al aire: No tiene nada que ver con el pelo...

■ OBJETIVOS

Percibir los efectos de sentido y los niveles de significación de las expresiones idiomáticas tratadas en la actividad 1.

■ PROCEDIMIENTO

A partir del ejemplo presentado se invita al alumno a que intente buscar contextos en los que esas expresiones puedan tener significado con el doble sentido, literal y metafórico. Es aconsejable explicar muy bien el ejemplo a partir del anuncio del pintauñas, para que cuando elabore la ficha reconozca bien los dos niveles. El ejercicio se puede realizar en parejas o grupos reducidos, pues así se aportan más ideas. Lo importante es que lo intenten, a pesar de que puede entrañar cierta dificultad; quizás convenga indicarles que escojan la expresión que les resulte más fácil, así se sentirán cómodos. En el caso de que se bloqueen, se pueden ofrecer diferentes productos en la pizarra para ayudarles, insistiendo en que lo importante es que discutan para ponerse de acuerdo y anoten sus conclusiones. Una puesta en común final guiada por el profesor puede resultar enriquecedora.

■ SOLUCIONES

A pesar de existir muchas y variadas, presentamos a continuación algunas posibilidades que, como hemos dicho antes, pueden presentarse al alumno para que él decida qué expresión puede ilustrar estos productos.

A

No te cortes: maquinillas de afeitar, cuchillos eléctricos...
No le des más vueltas. Ve al grano: crema anti-acné, maíz, arroz, copos de cereales...
Para que hagas el mejor papel: reciclaje de papel, papel higiénico...
Ponte como una moto: motocicletas, lanchas motoras...
Déjales con la boca abierta: pasta de dientes, alimentos...

B

En cuerpo y alma: ropa para curas y monjas, una sauna...
Está en tus manos: joyas, pintauñas...
Punto por punto: ropa de invierno, bancos...
Por si las moscas: insecticida, producto antiparásitos, producto para conservar alimentos...
Echar una cana al aire: tinte para el pelo, pelucas y peluquines...

■ CUADERNO DE EJERCICIOS

Ejercicios 1, 2 y 3. El 1 y el 2 son para insistir en el significado de las expresiones, y sería conveniente no hacerlos seguidos, sino irlos integrando en el desarrollo de la unidad para comprobar cómo los estudiantes van evolucionando en la captación de las posibilidades de sentido que tienen las expresiones idiomáticas. El 3 queda más abierto.

■ OBJETIVOS

Contextualizar y comprender diferentes enunciados. Eslóganes de publicidad y vocabulario relacionado.

■ PROCEDIMIENTO

En parejas o en grupos reducidos, los estudiantes deben leer y comentar los eslóganes y clasificarlos en las áreas que se les presentan. Hay que insistir en que existen muchas posibilidades, pues un mismo titular puede funcionar para varios productos. Lo importante no es una solución cerrada, sino que lo justifiquen mediante su producción. El profesor puede asistir a cada grupo y pedirle explicaciones de sus decisiones, o bien hacer una puesta en común para cerrar el ejercicio.
Habría que indicar que para cada eslogan piensen en un producto específico y tomen siempre nota. No es necesario que lo hagan con todos, sino que más bien se fijen en los que más les llamen la atención o en aquellos en los que tengan dificultades para percibir su valor. El interés de la actividad es que ellos busquen sus soluciones y jueguen con las posibilidades de los significados, leyendo, hablando y tomando nota.

■ SOLUCIONES

Existen muchas posibilidades, aunque los estudiantes se sienten muy satisfechos si comparan sus versiones con las "reales" que el profesor les puede dar al final. Las que aquí presentamos proceden de los anuncios reales:

Abre un paréntesis: cigarrillos, puros habanos.
Vaya cara: crema facial.
Bueno por lo que tiene, bueno por lo que no tiene: productos de dietética bajos en calorías.
Sus primeras cucharadas: productos para bebés.
Ni una gota: pañales, campaña antialcohol.
Fabricante de caricias: papel higiénico, gel.
Póntelo, pónselo: famoso y polémico eslogan institucional español para aconsejar el uso de preservativos.
¿Estás segura?: compresas, seguros de vida.
A todo color: películas fotográficas.
¡Ojo!: lentillas, gafas.
El aire es libre: aire acondicionado.
Sube: ferrocarriles, aviones, coches.
Relájate: coches, bebidas, mobiliario.
No resistirás la tentación: chocolate, helado.

■ CUADERNO DE EJERCICIOS

Ejercicio 4: es un ejercicio abierto que busca la creatividad a partir de imágenes sugerentes.

Ejercicio 5: ejercicio aparentemente cerrado, de emparejar elementos de dos columnas, pero con muchas posibilidades de solución.

Técnicas de persuasión

■ OBJETIVOS

Comprender selectivamente la información básica de un texto escrito, así como conocer algunas técnicas de persuasión. Texto y vocabulario de carácter informativo.

■ PROCEDIMIENTO

Ejercicio individual o por parejas. En primer lugar, aclarar qué son las técnicas de persuasión a través de los siete ejemplos. A continuación se procede a la lectura, en la que es recomendable que se subraye el vocabulario nuevo y se intente explicar por el contexto, haciendo una lectura fluida y global. Son textos reducidos, y rápidamente identificarán cuál es la técnica que corresponde a cada uno. Cuidado con la confusión entre la "asociación de ideas" y la "identificación" (ver soluciones). Al final se puede pasar a la definición del vocabulario desconocido a través del significado de cada texto. La práctica real de este ejercicio se realiza en la actividad número cinco.

■ IDEAS ALTERNATIVAS

Se puede hacer una puesta en común en la que se expongan ejemplos de anuncios que ilustren cada una de las técnicas. En el caso de "el nombre de la marca", como ejemplo de ciertos productos que son nombrados mediante la marca, se pueden citar la *minipímer* ('la batidora'), el *danone* ('el yogur') y el *kleenex* ('el pañuelo de papel').

■ SOLUCIONES

Asociación de ideas: La mayoría de los anuncios nos invitan a relacionar...
El nombre de la marca: Hay productos que son tan cotidianos que han formado...
Palabras claves: En la mayoría de los anuncios se presenta el producto con...
Identificación: Los anuncios están diseñados a la medida de los sujetos...
Ciencia: ¿A quién no le llama la atención un producto...
No ser menos que el vecino: En una sociedad de consumo no todos los productos están...
Sorprender: Estamos tan acostumbrados en nuestra sociedad a ver...

■ OBJETIVOS

Describir imágenes y explicar titulares y sus mensajes. Recursos de descripción y vocabulario propio de los anuncios.

■ PROCEDIMIENTO

En parejas o grupos reducidos, los estudiantes deberán explicar los anuncios a través de los cuatro niveles de análisis que se les propone. Tienen que indagar a través del anuncio todos los elementos de la imagen y del texto que aporten información relevante. Es aconsejable que tomen nota de sus conclusiones para después ponerlas en común o responder a las preguntas del profesor. Este anuncio recoge también los anteriores e insiste especialmente en el punto 4: técnicas de persuasión.

■ IDEAS ALTERNATIVAS

Los alumnos pueden buscar otros modelos de anuncios como trabajo de investigación para después exponerlo ante el resto de la clase.

■ REFERENTES CULTURALES

En el anuncio de Canal + se alude a las fiestas madrileñas de San Isidro que tienen lugar en mayo. **La plaza de toros de las Ventas** es una de las catedrales del toreo para los aficionados a la "fiesta nacional", pero muchos españoles ven las corridas por la televisión. La exclusiva de esta cadena está representada en el anuncio mediante la imagen tópica del torero con cierta "provocación" de nalga insinuada bajo la media.
En cuanto al **aceite de oliva**, se puede señalar que es un anuncio insitucional para restaurar y promocionar la imagen de un producto básico en la dieta mediterránea, que últimamente ha sido reconocido y recomendado por sus ventajas para la salud.
El perfume ***Carmen*** fue creado por dos diseñadores sevillanos, y no italianos, Victorio & Lucchino. Carmen alude a esa "esencia" literaria de la mujer española mitificada en la tradición artística europea por la ópera de Bizet: *Carmen.*

Bueno, bonito y barato

Bueno, bonito, barato. Las tres "bes" que definen las cualidades de un buen producto. Calidad, belleza y precio asequible o ajustado.

■ OBJETIVOS

Se presta especial atención a la toma de decisiones a través de la integración de destrezas.

■ PROCEDIMIENTO

Este ejercicio está pensado como tarea de llegada, de manera que también lo podemos colocar al final de la unidad para cerrarla y recoger todos los contenidos tratados. El interés está en que los estudiantes, en grupos reducidos, han de activar todos sus conocimientos para compartir ideas en el diseño del producto y su publicidad. Se les puede recordar que echen un vistazo a las actividades anteriores, incluso se pueden dar pistas para avivar su imaginación e interés. Se puede plantear como concurso, y decidir en la puesta en común cuál ha sido el producto más original. En la explicación final, insistir en que no lean lo que han escrito y diseñado, sino que lo expliquen y aclaren, respondiendo incluso a las preguntas que les hagan los otros grupos. Se aconseja que sigan la ficha de diseño con el fin de dirigir paso por paso su creación, tomando nota de las decisiones del grupo. Se deben integrar las cuatro destrezas de manera fluida y la producción debe ser natural y relajada, de forma que el profesor sólo debería asesorar a los grupos y registrar aquellas cuestiones que considere interesantes para una posterior revisión.

■ IDEAS ALTERNATIVAS

En la composición final del anuncio se pueden usar más medios que la simple descripción escrita, dependiendo de los recursos que se dispongan, por ejemplo, "collages" con fotografías, murales, incluso grabaciones con cintas y vídeo.

■ CUADERNO DE EJERCICIOS

Ejercicio 6: práctica de lo mismo, pero se sugieren productos y un esquema más preciso para organizar la tarea.

¿A qué te refieres?

Alude precisamente a la referencia. Significa '¿de qué hablas?' o '¿qué quieres decir con eso?'

■ OBJETIVOS

Reflexión y contextualización de los pronombres personales, formas tónicas y átonas en función de Sujeto, Complemento Directo e Indirecto y tras preposición.

■ **PROCEDIMIENTO**

Se parte del anuncio para llegar al cuadro. Ésta es la dirección aconsejada, siguiendo el orden de la actividad paso por paso. El profesor puede hacer que los alumnos busquen las referencias de los pronombres. Por ejemplo:

> **Te las da**, da algo femenino plural / a alguien 2ª persona singular (tú): da prestaciones / a ti; y así con el resto de los ejemplos.

Lo importante es que en esta primera instancia, antes de pasar a la explicación del cuadro gramatical, recuerden o se familiaricen con la imagen básica de los pronombres. Después se insistirá más detenidamente en la función, orden, género, número, etc. En cuanto al cuadro gramatical, incluir, si se cree oportuno o se pregunta, la forma **consigo (mismo)**. Es una actividad de presentación que encontrará su práctica en los ejercicios posteriores.

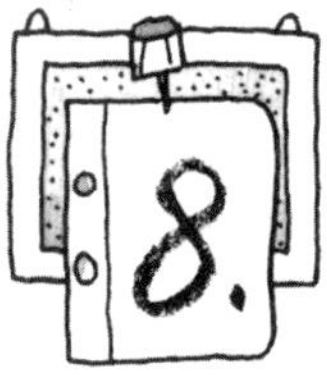

■ **OBJETIVOS**

Reflexión y contextualización de los pronombres personales.

■ **PROCEDIMIENTO**

Leer el diálogo antes de escuchar la cinta. Aclarar que van a escuchar un anuncio publicitario de la radio con un contexto muy determinado: una conversación entre una madre y un hijo. Se recomienda pasar la cinta dos veces para tomar nota exacta y comprobar finalmente entre todos la solución, por ejemplo, escenificando entre dos alumnos el diálogo. Dará pie a volver sobre la explicación de los puntos más conflictivos.

TRANSCRIPCIÓN

NIÑO: Buenos días, Mamá.
MAMÁ: Buenos días, hijo mío. Vamos a darle una sorpresa a tu padre. hoy haremos nosotros el desayuno.
NIÑO: ¿Te ayudo?
MAMÁ: Sí, ayúdame. Saca el zumo del frigorífico.
NIÑO: Oye, mamá. ¿Por qué está tan bueno el zumo de TALCUAL?
MAMÁ: Porque lo hacen con las mejores naranjas. ¿Me pasas la mantequilla?
NIÑO: Aquí la tienes. ¿Y TALCUAL también saca la leche de las mejores vacas?
MAMÁ: Claro, a TALCUAL le interesa siempre lo mejor.
NIÑO: ¿Y cuándo yo era pequeño también me dabas leche TALCUAL?
MAMÁ: Sí, para que te pusieras grande y fuerte.
NIÑO: ¿Y por qué es sana y natural?
MAMÁ: También. ¿Y tú cómo lo sabes?
NIÑO: Porque papá siempre lo dice. Y además lo pone aquí. S-A-N-A Y N-A-T-U-R-A-L.
MAMÁ: ¡Ah! Bueno, el desayuno ya está. ¿Quieres llevárselo tú?
NIÑO: Vale. ¡Papá! ¡Tu desayuno!
PAPÁ: ¡Hum! ¿Lo has preparado tú solo?
NIÑO: Sí... bueno, mamá me ha ayudado un poco.

TAL CUAL. Desayunos en familia.

■ CUADERNO DE EJERCICIOS

Ejercicio 7

Remedios de la abuela

La abuela no se llama Remedios, sino que tiene soluciones caseras para problemas domésticos. Más sabe el demonio por viejo que por demonio. La medicina alternativa no es nueva, ya estaba inventada.

■ OBJETIVOS

Reflexión y contextualización de los pronombres personales.

■ PROCEDIMIENTO

Individualmente o en parejas, los alumnos deben reformar el texto para evitar las repeticiones, usando los pronombres. Atención a problemas específicos como el uso del pronombre sujeto:
Cuando el agua empiece a hervir = *cuando ella empiece a hervir*, siendo la solución más correcta: **Cuando ésta / Ø empiece a hervir**.
Atención también a la posición del pronombre con los imperativos.

■ IDEAS ALTERNATIVAS

Escribir en parejas un texto similar con repeticiones innecesarias y pasarlo a otro grupo para que lo reescriban correctamente. ¿Conoce alguien otro remedio casero?

■ SOLUCIONES

QUEMADURAS
Puede calmar rápidamente el dolor de las pequeñas quemaduras si tiene usted una col a mano. Tómela, arránquele unas cuantas hojas y haga una pasta machacándolas. Aplíquela sobre las quemaduras y déjela un buen rato sin taparla.

CURAR LA GRIPE CON AJOS
Elija seis o siete dientes de ajo, lávelos y quíteles la piel superficial. Haga / hágale a cada uno un corte en el centro. Ponga una olla con medio litro de agua al fuego y añádale cinco cucharadas de azúcar. Cuando ésta / Ø empiece a hervir, eche los dientes de ajo en el agua hasta que estén blandos. Después, cuele el líquido y déjelo enfriar. Guárdelo tapado y tome dos cucharadas pequeñas cada dos horas.

■ CUADERNO DE EJERCICIOS

Ejercicios 8 y 9.

10.

OBJETIVOS

Reflexión y contextualización de los pronombres personales, con especial atención en el cuadro gramatical a diferentes usos del **se** del que no se hace una descripción exhaustiva, pues también se trata en la unidad 5, ejercicio 9 y en la unidad 10, ejercicio 3.

PROCEDIMIENTO

Se plantea un concurso entre toda la clase, por parejas o grupos reducidos, para votar las soluciones más verosímiles u originales. En el apartado de soluciones proponemos un tipo de análisis muy sencillo para aclarar cómo deben analizar los contextos antes de exponerlos.

IDEAS ALTERNATIVAS

Los mismos grupos pueden inventar frases del mismo tipo para que el resto de la clase adivine a qué se pueden referir.

SOLUCIONES

Existen muchas posibilidades. El objetivo del ejercicio no es "acertar" el contexto posible, sino reflexionar sobre estos usos. Si los alumnos no consiguen ningún contexto, se les puede dirigir, como hemos dicho, dándole un ejemplo de análisis de los verbos con sus complementos, como en los siguientes ejemplos:

- **Voy a tirártelo a la cara si no me lo explicas antes de devolvérselas.**

Tirártelo: CI: te, CD: lo. Por ejemplo: tirarte a ti el vídeo.
Me lo explicas: CI: me, CD: lo. Por ejemplo: me explicas a mí lo que ha pasado.
Devolvérselas: CI: se, CD: las. Por ejemplo: devolverle a ella las cintas de vídeo.

- **No me importa dejártelo, pero no se lo digas a nadie, por favor.**

Dejártelo: CI: te, CD: lo. Por ejemplo: dejarte a ti el libro, el loro,...
No se lo digas: CI: se, CD: lo. Por ejemplo: no le digas a nadie que te lo dejo.

- **Dice que la tiene muy bonita, pero no te lo creas, no es para tanto.**

La tiene: CD: la. Por ejemplo: tiene la cara, la nariz, la casa,...
No te lo creas: CD: lo. Por ejemplo: no te creas que la tiene tan bonita.

CUADERNO DE EJERCICIOS

Ejercicio 10: especialmente apoya el punto 5 del cuadro gramatical sobre el cambio parcial o total de significado de los verbos con o sin pro nombre. Esto da pie a hacer nuevas hipótesis sobre posibles verbos que funcionan con y sin pronombre.

11.

El gordo

El gordo no sólo es aquél que tiene kilos de más, sino también el primer premio, el premio gordo, del sorteo de la lotería de Navidad en el que los españoles gastan tantos millones de pesetas, y que se convierte en todo un acontecimiento festivo antes de Nochebuena (exactamente el 22 de diciembre).

■ **OBJETIVOS**

Comprender un rasgo típico de la cultura española, además del vocabulario específico del texto, recursos de descripción y explicación.

■ **PROCEDIMIENTO**

Es un ejercicio de lectura e interpretación de todos los elementos del anuncio. El profesor puede tomar nota de todas las sugerencias que los alumnos vayan haciendo e ir explicando los aspectos fundamentales del anuncio, incluso siguiendo el esquema de análisis visto en la página 52: tipo de anuncio, para qué público, etc.

■ **REFERENTES CULTURALES**

Además de lo dicho en la explicación del título, cabría destacar que la lotería en España tiene una importancia excepcional. Se festeja el acontecimiento y se invierte parte del sueldo en muchos de los llamados juegos de azar. La lotería es el juego de más categoría y tradición. Es monopolio del Estado, que dedica mucho a publicidad porque luego ingresa en sus arcas este impuesto indirecto.

Un poco de literatura

■ **OBJETIVOS**

Leer y comprender un poema.

■ **PROCEDIMIENTO**

Lectura individual o en grupo para después realizar un comentario general.

■ **SOLUCIONES**

¿Qué crees que quiere decir eso de "vivir en los pronombres"? Los alumnos se pueden quedar bastante callados con esta pregunta, así que no viene mal darles algunas pistas:
¿Para qué se usan los pronombres? Sustituyen los nombres reales de las cosas y las personas.
¿En qué versos aparece una posible respuesta? En el último: "Yo te quiero, soy yo". Nunca aparecen los nombres de las personas a las que se hace referencia. El pronombre resume la esencia del nombre, la idea pura de la persona. Además, al usar el pronombre, se evita nombrar a la persona amada. Pedro Salinas estaba casado, tenía hijos, y mantenía una relación extraconyugal que dio lugar a muchos poemas de amor como éste. Lo que oculta el poema también muestra esa esencia de las cosas con la palabra exacta: tú - yo.

■ **REFERENTES CULTURALES**

La Generación del 27: grupo poético de la vanguardia artística que revolucionó el lenguaje literario en español.

VIVIR DEL CUENTO

¿De dónde venimos? ¿A dónde vamos?

Nombre: ....

Apellido: ....

Fecha: ....

Curso: ....

UNO. ¿Cómo corriges a alguien que dice lo siguiente?:

1. En Chile no se habla español.
2. La capital de Cataluña es Madrid.
3. Colón descubrió las costas de Alaska en 1492.

DOS: Responde a cada una de las siguientes preguntas usando diferentes formas para las respuestas:

› ¿Cuándo empezaste a estudiar español?

› ¿Cuánto tiempo llevas estudiando español?

TRES: Escribe una frase donde aparezca cada una de las siguientes palabras:

› en cuanto:

› después de:

› antes de que:

› todavía:

› ya:

› de pronto:

CUATRO. ¿Qué elementos suelen aparecer en los cuentos infantiles y tradicionales? Por ejemplo, un príncipe, un castillo...

VIVIR DEL CUENTO

Esta expresión significa vivir sin trabajar o trabajando lo menos posible.

■ **OBJETIVOS**

Insistir en la práctica de los usos del pasado para contar historias -que ya se vieron en la unidad 2- pero centrando la atención en aspectos gramaticales y discursivos que están directamente relacionados con el relato: corrección de enunciados, estilística del Imperfecto, relaciones temporales entre acciones, hablar de momentos y duración, marcadores temporales.

■ **CONTENIDOS FORMALES**

Recursos para corregir y matizar informaciones. Uso de los tiempos del pasado en función del punto de vista y del tipo de texto que se trate. Marcadores temporales para relacionar distintos momentos del pasado. Recursos para hablar de la duración de una actividad.
Marcadores temporales para hacer refrencia a un momento distinto del de la enunciación.
Organizadores del relato.

■ **DEBATE**

¿Cuál crees que es la mejor época histórica para vivir? ¿Por qué? ¿Crees que la humanidad progresa, que vivimos ahora mejor que en otros períodos del pasado? ¿En qué aspectos hemos mejorado los humanos en comparación con nuestros antepasados?
¿Qué personaje histórico te gustaría haber sido? ¿Cuáles crees que son los personajes de la historia que más han contribuido a que a humanidad progrese? ¿Cuáles han sido los más negativos?

Donde dije digo, digo Diego

Es una expresión que significa rectificar o desdecirse de algo expresado anteriormente. Se emplea fundamentalmente para referirnos a cambios de opinión drásticos de otras personas.

■ **OBJETIVOS**

Partiendo de la referencia (compartida por todos los estudiantes) del cuento de la Cenicienta de la unidad 2, se exponen en este cuadro diferentes recursos para corregir afirmaciones falsas:

- Desde los recursos más simples:
  No... sino (que)...
  Sí (que)...

- A los más complejos, reproduciendo toda la información:
  No era el rey el que / quien bailaba con ella, sino el príncipe.

En este punto tal vez convenga recordar en clase la construcción empleada para corregir reproduciendo información anterior con la finalidad de contrastarla con la nueva.

<table>
<tr><td rowspan="2">SER en el tiempo que requiera el contexto</td><td colspan="2">así
aquí
ayer</td><td colspan="2">como
donde
cuando</td><td rowspan="2">+ información dada.</td></tr>
<tr><td>ø
preposición</td><td>un libro
Andrés</td><td>ø
preposición</td><td>lo que
el/la que
quien</td></tr>
</table>

- No fue así como ocurrió.
- Era de un libro de lo que estábamos hablando.

- O añadiendo, además, datos suplementarios: se puede explicar que esta construcción sirve también para dar la razón al interlocutor e introducir un argumento que corrobora lo dicho:

  - La madrastra despreciaba a Cenicienta.
  - ○ **No sólo** la despreciaba **sino que además** le pegaba cuando podía.

■ CUADERNO DE EJERCICIOS

Ejercicio 1

■ OBJETIVOS

Facilitar una práctica de los contenidos del cuadro anterior dentro del contexto real de "corrección de un examen". Para ello los estudiantes disponen de la información auténtica y de un examen plagado de errores, marcados en negrita.

■ PROCEDIMIENTO

Páginas 60 y 61. Puede hacerse por escrito, individualmente o en parejas, tal y como se propone, o bien puede realizarse como ejercicio de reflexión con toda la clase: se puede pedir a los alumnos que señalen en el primer texto la información auténtica que Francisco Recuerda no sabía y, después, leer en voz alta el texto del examen pidiendo a los alumnos que vayan haciendo las correcciones en voz alta.

Página 62. Como actividad de consolidación se plantea el que los mismos alumnos propongan informaciones erróneas a partir de cuentos tradicionales para corregirlas. Igualmente se puede optar por informaciones sobre el contexto de la clase o sobre la historia y/o la cultura de España, si procede, y plantearlo en clase como concurso.

■ CUADERNO DE EJERCICIOS

Ejercicio 2: actividad de lectura y corrección en la misma línea que la del examen de Historia.

El cristal con que se mira

Procede de un poema de Ramón de Campoamor (1817-1901):

"En este mundo traidor
nada es verdad ni es mentira,
todo es según el color
del cristal con que se mira".

Y quiere decir que no existen verdades absolutas, que todo es relativo puesto que depende del punto de vista con que se observe.

■ OBJETIVOS

Éste es precisamente el objetivo de esta actividad: provocar la reflexión sobre el uso de los tiempos verbales, el vocabulario y las construcciones de acuerdo con el tipo de texto narrativo. Se trata de introducir concretamente dos usos especiales de este tiempo que de alguna manera contradicen los usos estándar aprendidos y practicados en la unidad 2. Además, los marcadores léxicos determinan la definición de cada tipo de texto.

■ PROCEDIMIENTO

Pida a los alumnos que, en parejas o pequeños grupos para favorecer la discusión, traten de identificar cada tipo de texto, advirtiéndoles que tendrán que justificar posteriormente su decisión, es decir, qué han tenido en cuenta para atribuir un estilo a cada texto. Durante la puesta en común, haga hincapié en las diferencias patentes en el léxico y el tipo de construcciones (ver soluciones) y solicite, después, una reflexión sobre dónde el uso del Imperfecto no responde a la idea adquirida hasta ahora (unidad 2). Puede aprovechar esta circunstancia y estos contextos -especialmente el del sueño- para hacer comprender el muy extendido uso del Imperfecto en sentido virtual (en ficciones, por ejemplo: "Yo era el médico y tú la enferma"; o sustituyendo al Condicional: "Yo que tú me iba", "Si viniera, se lo decía"). Todo quedará anotado posteriormente en las unidades 8 y 12.
Se propone seguidamente, como actividad en parejas, la confección de una breve historia adoptando el punto de vista y el estilo de cada uno de los cuatro tipos de texto. Pídales que para ello tengan en cuenta:

a) el empleo de los tiempos verbales;
b) el vocabulario y el modo de expresión.

Antes de hacerlo, convendría explicar a los alumnos que los hechos que se relatan son verídicos y corresponden al intento de golpe de Estado del 23 de febrero de 1981. Por ello, se podría realizar el ejercicio pidiendo a los alumnos que adopten diferentes puntos de vista: el de un narrador imparcial, el de un periodista al día siguiente del suceso, el de un diputado que lo presenció todo y lo cuenta a un amigo o, simplemente, como un mal sueño.

■ SOLUCIONES

1. Una *noticia,* tipo de texto en el que frecuentemente se usa el Imperfecto para destacar el hecho objeto de la noticia (no afecta a todos los verbos). Se emplea además un lenguaje formal: "Al filo de", "exponer", "líneas de actuación", "en materia de", "gasto público", etc.

2. Un *sueño*: se usa el Imperfecto porque, de alguna manera, se actúa como si se decribieran imágenes. Nada ocurrió en realidad, excepto que soñé: "Soñé que... + Imperfecto. Uso del lenguaje oral: "Pues", "o algo así", "y de golpe", abundancia de copulativas, etc.

3. Un *cuento:* alternancia de Indefinido/ Imperfecto según lo estudiado. Uso de fórmulas de este tipo de relatos: "Un buen día", "y de pronto", así como expresión analítica ("hacer cosas por el pueblo"), etc.

4. Una *anécdota:* alternancia normal de Indefinido / Imperfecto. Uso de lengua coloquial y oral: "Pues resulta que", "de buenas a primeras", "se puso a", "total que", "se quedó", etc.

Todo es relativo

■ OBJETIVOS

En este cuadro se plantean recursos para relacionar dos momentos del pasado teniendo en cuenta siete coordenadas diferentes. Y al final se pide a los alumnos que, a partir de las muestras presentadas, formulen reglas de uso. De lo que se trata fundamentalmente es de llamar la atención sobre los siguientes hechos:

a) En español peninsular, **antes de que** y **después de que** se usan normalmente con Subjuntivo. b) **Hasta, después de y antes de** pueden usarse con Infinitivo, aun en el caso de que los sujetos sean diferentes: en estos casos siempre se hace explícito el sujeto del infinitivo: "hasta llegar nosotros", "antes de llegar ellos", "después de decírmelo tú".

Puede hacer constar que **antes de que** y, sobre todo, **después de que** suelen ser usados en Hispanoamérica, y en ocasiones (con cierta lógica) en la Península, también seguidos de Indicativo, por lo cual esta tendencia a igualar paradigmas a que se pueden sentir tentados no es, en modo alguno, censurable.

■ CUADERNO DE EJERCICIOS

Ejercicio 3: reflexión sobre el uso del Imperfecto y el Indefinido y práctica cerrada de **antes de, después de y hasta**.

■ OBJETIVOS

Práctica oral semiabierta de los exponentes del cuadro anterior.

■ PROCEDIMIENTO

Los estudiantes tienen que tomar decisiones sobre el orden de los acontecimientos antes de contestar a las preguntas de su compañero. Como ejercicio previo, el profesor puede escribir en la pizarra cuatro o cinco hechos y pedir a los alumnos que los ordenen con preguntas del mismo tipo que las del ejercicio: ¿Cuándo...? a las que el profesor contestará con antes de, después de, mientras... Es una forma de introducir la dinámica de la actividad (muy útil sobre todo en grupos numerosos donde es difícil controlar que todas las parejas hayan comprendido el procedimiento).

■ OBJETIVOS

Imaginar y construir una historia (y, en su caso, negociarla) a partir de estímulos auditivos. Aprovechar este contexto para poner en práctica las formas de relacionar acciones en el pasado y vocabulario de sonidos.

■ PROCEDIMIENTO E IDEAS ALTERNATIVAS

Está planteado como un ejercicio abierto de expresión escrita pero aquí cada profesor puede dirigir el proceso como crea más conveniente: puede obligar a sus alumnos a introducir en el transcurso de la historia algunos marcadores de los estudiados. Puede plantearlo como un ejercicio oral donde cada alumno va contribuyendo a la creación del relato a medida que se van oyendo los distintos sonidos; o bien mantenerlo, tal y como se plantea, como un ejercicio de escritura después de que los alumnos hayan tomado notas durante la audición.

Puede, igualmente, hacer hincapié en cuestiones léxicas y pedir a los alumnos que identifiquen, por el sonido, el significado de léxico complejo como "chirrido", "galope", "chillido", "trueno", etc.

TRANSCRIPCIÓN

LOCUTOR: Buenas noches... hoy, en su emisora preferida Radiovox, historias para...no dormir... Capítulo novecientos noventa y siete.

NARRADOR: José Plácido, ya fuera del hospital, sigue sufriendo terribles visiones debido a sus trastornos mentales y la pérdida de su ser más querido: su gato Basilio. Ya no distingue la realidad de la fantasía, su vida se ha convertido en una pesadilla o... en una conspiración. Aquella noche de marzo se había quedado solo en casa.

PERSONAJE: Me había quedado solo en la casa. Era sábado por la noche.
De repente estalló una tormenta terrible...Me quedé sin palabras... Sólo recuerdo aquellos terribles sonidos....

LOCUTORA: Fin del capítulo novecientos noventa y siete de... "Historias para no dormir".

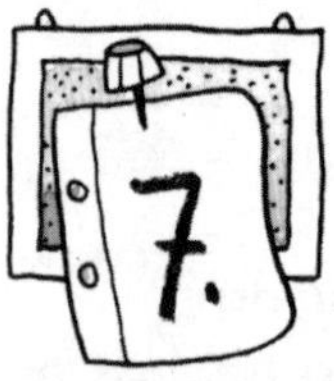

■ OBJETIVOS

Página 65. Recordar y fijar fórmulas de referencia a momentos concretos y cantidades de tiempo.
Página 66. Comprobar de forma inmediata la comprensión y el uso adecuado de estas fórmulas.

■ PROCEDIMIENTO

Página 65. Convendría centrar la atención en la diferencia entre:
a) **Hace dos años (que me casé)**: situar un hecho en el pasado, y
b) **Hace dos años (que no fumo)**: expresar la duración de una actividad, ambos marcados por el tiempo del verbo principal. Y entre estos diferentes marcadores para expresar un límite inicial: desde, desde hace y desde que, este último expuesto en el cuadro de la actividad 4 de esta unidad.

Página 66. Como práctica del cuadro se propone un ejercicio individual que, planteado como concurso (vamos a ver quién contesta antes), pretende hacer reflexionar sobre la diferencia entre fecha y duración, y estimular el uso de los marcadores expuestos. A continuación hay una actividad de refuerzo en la que los alumnos son ahora los que deben realizar las preguntas y cuyo objetivo formal es obligarles a reutilizar las fórmulas interrogativas que acaban de ver en las preguntas del ejercicio y que les servirán de modelo.

■ IDEAS ALTERNATIVAS

Un procedimiento que sorprende y produce muchas expectativas en los alumnos, al tiempo que actúa a modo de evaluación de conocimientos es empezar sin explicaciones con el test para después acudir al cuadro como exponente de lo que debería haber sido utilizado.
Puede pedir a los alumnos que contesten de la manera más económica que les sea posible, siendo correctos. Esto pondría de relieve, por ejemplo, no sólo que no necesitamos una preposición con cantidades de tiempo (diecinueve años), sino también la exigencia de preposición con límites (hasta, desde) incluso en la respuesta mínima posible.
En todo caso, es un buen momento para poner de relieve la diferencia durar/tardar (en), que seguramente se planteará.

■ CUADERNO DE EJERCICIOS

Ejercicios 5: práctica cerrada de los contenidos de esta actividad mediante reformulaciones.
Ejercicio 6: ídem, completando un texto mutilado.
Ejercicio 7: práctica libre de producción escrita.

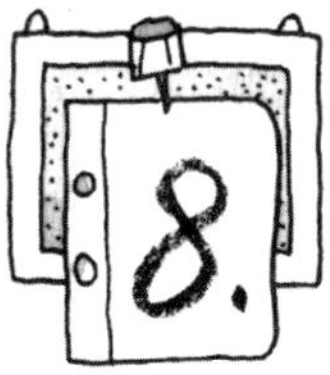

■ OBJETIVOS

Se parte de una reflexión sobre los marcadores de tiempo y los cambios que sufren cuando varía el momento de la enunciación y, con ello, las referencias temporales. La reflexión se plantea de dos maneras: a partir de una serie de formas que ya conoce el alumno y a partir de sus propios ejemplos. Involucrar al alumno con su experiencia propia facilita la comprensión, la fijación y el uso de las formas presentadas.

■ SOLUCIONES

De izquierda a derecha: Dos días antes, El día anterior/antes, Ese / Aquel día, Al día siguiente, Dos días después / A los dos días.

■ OBJETIVOS

Profundizar en los contenidos planteados en la actividad 8. El objetivo final es sistematizar las transformaciones léxicas a las que obliga el cambio del momento de la enunciación y se pretende que dicha sistematización sea el resultado del análisis de los textos que los mismos alumnos llevan a cabo.

■ PROCEDIMIENTO

Se puede hacer de forma individual, pero nos parece más productivo realizar la actividad en parejas.

■ SOLUCIONES

Referencia al momento de la enunciación	*Referencia a un momento no presente, del que se está hablando*
ahora en este (mismo / preciso) momento / instante	entonces en aquel momento, instante cuando...
hoy	aquel día
esta mañana / tarde / noche	aquella mañana / tarde / noche
ayer	el día anterior
anoche	la noche anterior
ayer por la mañana / tarde / noche antes de ayer	la mañana / tarde / noche anterior dos días antes
mañana	al día siguiente
pasado mañana	dos días después / a los dos días
el lunes / mes / año próximo el lunes / mes / año que viene	el lunes / mes / año siguiente
dentro de un mes / un año / poco	al mes / al año / al poco
hace dos días / un año / poco	hacía...

■ CUADERNO DE EJERCICIOS

Ejercicio 4: práctica cerrada de transformación para fijar los contenidos expuestos.

Cuentos chinos

Decimos a alguien "no me cuentes cuentos chinos" o "eso es un cuento chino" cuando pensamos que lo que nos está contando no es verdad.

■ OBJETIVOS

Inventar, negociar y redactar cuentos en grupos. Para ello se presenta el cuadro con instrumentos para introducir episodios, acciones importantes y episodios paralelos.

Conviene hacer hincapié en las diferencias entre los usos formales e informales (aunque todos pueden ser válidos en la elaboración del cuento) y en la relación de oraciones con **mientras**. En todo caso, tanto lo estudiado en esta unidad como en la unidad 2, debería ser objeto de atención a la hora de abordar la confección escrita de este cuento, que puede servir de medida de lo que los alumnos han conseguido incorporar a su conocimiento operativo con respecto a la función "hablar del pasado".

■ PROCEDIMIENTO E IDEAS ALTERNATIVAS

Como en el caso del ejercicio 6 de esta unidad, el profesor puede optar por dejar la actividad abierta a la creatividad de los alumnos (tal y como está planteada) o puede dirigirla obligando a usar determinados marcadores a lo largo del relato. Puede también darle una finalidad a la puesta en común de la lectura de los cuentos en clase, pidiendo a los grupos que elijan las ilustraciones que quieran pero que en sus relatos no sean demasiado explícitos en la descripción. Así, durante la lectura de la historia, los demás alumnos de la clase tendrán que prestar atención para adivinar cuáles son las imágenes que escogieron y en qué orden aparecen. En todo caso, lo inusitado de las viñetas ofrecidas como estímulo tiene que ver con el hecho de obligar a los alumnos a justificar acciones de la historia, de modo que el relato ofrezca cierta dificultad tanto imaginativa como de uso de tiempos del pasado.

■ CUADERNO DE EJERCICIOS

Ejercicio 8: práctica de lectura, reflexión y escritura.

Un poco de historia y de literatura

■ OBJETIVOS

Comprender y comentar un texto narrativo. Insistir en la diferencia entre el Imperfecto y el Indefinido dentro del marco textual del relato pero añadiendo esta vez información histórica sobre el mito de don Julián y la entrada de los árabes en la Península Ibérica.

■ REFERENTES CULTURALES

El tema de la cautiva es lugar común de la literatura oral y culta de todos los tiempos: la mujer capturada tiene que ser rescatada para restablecer el orden alterado por las fuerzas del mal. Durante la Edad Media, en las zonas de frontera, aparecen historias de este tipo que añaden imaginación y fantasía a hechos históricos documentados.

■ SOLUCIONES

había, era, tenía, tenía, se llamaba, era, vio, se bañaba, se enamoró, quería, llevó, escribía, contaba, sucedían, se enteró, decidió, pidió, era, prometió, dormía, oyó, iban, se despertó, llevó, estaban, abandonó, fue, encontró, vivía, dijo, tenía, moriría / iba a morir.

COSAS DE CASA

¿De dónde venimos? ¿Adónde vamos?

Nombre: ....

Apellido: ....

Fecha: ....

Curso: ....

UNO. ¿Qué objetos podemos encontrar en...?

› una cocina:

› un cuarto de baño:

› un cuarto de estar:

DOS. ¿Cómo le explicarías a un extraterrestre qué son los siguientes objetos?

› una mesa:

› un coche:

› un reloj:

TRES. ¿En qué situación podemos decir las siguientes frases?

1. ¿Tienes algo que corte?
2. ¿Tienes la cosa esa que corta madera?

CUATRO. Responde a estas preguntas tan estúpidas usando el máximo de lógica:

1. ¿Para qué se pone sal en las comidas?
2. ¿Cuándo sabemos que el agua está hirviendo?
3. ¿En qué momento echas los espaguetis en el agua?
4. ¿Después de qué acción está el café más dulce?
5. ¿Hasta qué momento tenemos que esperar para beber un café que está a 80 grados?

COSAS DE CASA

OBJETIVOS

En esta unidad se pretende que el estudiante aprenda el nombre de los objetos del hogar con los que diariamente está en contacto, al tiempo que reconoce o descubre los recursos de que dispone el español para hablar de ellos tanto:

a) cuando no sabe cómo se llaman, mediante la referencia a su uso, localización o material de que están hechos (**es una cosa que sirve para..., está normalmente en... y es de...**),

b) como cuando no puede o no quiere identificarlos, estableciendo la condición que deben cumplir (**necesito algo que sirva para...**).

Un tipo de textos como los mensajes de entrada y salida de un contestador automático o las recetas de cocina son fácilmente asociables con las Cosas de casa -título de la unidad- y en ellos se contextualizan perfectamente los recursos lingüísticos para dar instrucciones.

CONTENIDOS FORMALES

Vocabulario del hogar: objetos domésticos y verbos relacionados con su uso. Vocabulario de la alimentación: alimentos, verbos relacionados con su elaboración y expresiones con cosas que se comen. Oraciones de relativo con preposición. Oraciones de relativo con Subjuntivo. Imperativo. Construcciones impersonales con **se.** Oraciones temporales con Subjuntivo. Oraciones finales.

DEBATES

1. Comer sano. Vegetarianismo. La dieta mediterránea. Modas gastronómicas. Problemas dietéticos: la bulimia y la anorexia. El hambre en el mundo.
2. ¿Las cosas de casa son en la mayoría de los países cosas de mujeres? ¿Debería pagarse un sueldo a las amas de casa? Diferencias culturales en el hábitat.

Todo es relativo

No es sino un guiño de complicidad, ya que en esta unidad se van a revisar las oraciones introducidas por un pronombre relativo.

OBJETIVOS

Partir de un juego de adivinanza para poner en práctica una estructura que los estudiantes deben conocer, permite introducir las relativas precedidas de preposición para cubrir una necesidad con la que es probable que se encuentren al describir con precisión objetos extraños o que no conocen en español.

CONTENIDOS FORMALES

Preposición + *(artículo)* + **que**. Por ejemplo: **algo con (lo) que escribir.**
Se debe señalar la correspondencia de este artículo con el sustantivo antecedente y, si se estima conveniente, explicitar los casos en que se utiliza el artículo neutro **lo** (con antecedentes como **algo, todo, nada...**).
También puede ser conveniente indicar que es posible suprimir el artículo tras las preposiciones **a, con, de, en** e incluso **por**, aunque sólo es frecuente dicha supresión tras **con** y **de.**

Otra posible indicación es la de presentar otras alternativas al **que** relativo en las que hay que tener en cuenta el tipo de antecedente (persona o no), la función del sustantivo borrado gracias al relativo dentro de su oración y el registro más o menos formal o literario:

- En registros más formales se puede sustituir **que** por **cual**.
- Toda la estructura (*preposición* + *(artículo)* + **que**) se puede sustituir por otras como:
  - *preposición* + **quien/quienes** (sin el artículo) para antecedente de persona,
  - **donde, cuando, como,** según el significado de la oración de relativo,
  - y el más complejo **cuyo/a**, **cuyos/as** que reemplaza el sintagma **de** + *sustantivo* e introduce siempre un sustantivo, con el cual concuerda (y no con el antecedente).

■ PROCEDIMIENTO

Se puede iniciar el juego con los ejemplos, utilizando la definición más fácil de arriba ("es una cosa muy bonita que compré en Rusia") y, a continuación, la definición de abajo correspondiente al mismo objeto en la que es necesario emplear el relativo precedido de preposición ("es una cosa de la que se sacan otras iguales pero más pequeñas"). Después hay que animar a los estudiantes a pensar en otros objetos que cumplan la cualidad de ser raros. Por supuesto, no se trata de forzarlos a que utilicen esta última estructura antes de una práctica más mecánica y controlada (actividad 2) para automatizar la estructura, pero quizás alguno se atreva con ella.

■ SOLUCIONES

Los objetos que en el libro se proponen para ser acertados son: una muñeca rusa, un jarrón chino, un mapa del tesoro, un paraguas y un aerógrafo (un compresor para pintar).

■ OBJETIVOS

Práctica controlada de la estructura de las oraciones relativas con preposición encaminada a su automatización.

■ PROCEDIMIENTO

Dado el objetivo de la actividad, es necesario analizar bien el ejemplo y comprobar que se ha entendido el procedimiento que debe seguirse para realizar bien el ejercicio haciendo todos juntos la primera oración. Se trata de hacerles ver cómo se tematiza el sustantivo o sintagma nominal que se pretende sustituir por un pronombre relativo -marcado en negrita en la segunda frase **(parada de autobús)**- y cómo se recoge la preposición que aparece junto a él en la primera frase (fui a), para evitar que hagan a continuación una frase como **Fui a una parada de autobús que estaba bastante lejos**, perfectamente posible y correcta pero con una estructura que no es la que se pretende practicar.
El número 10 presenta una dificultad añadida pues al tematizar el sintagma nominal **la región**, deben incluir la preposición que aparece ante ella en la segunda frase: **En la región por la que hemos estado viajando...**
Puede ser una buena ocasión para repasar las preposiciones.

■ CUADERNO DE EJERCICIOS

Ejercicio 1 (sólo la primera parte): asociación de palabras con su definición.

■ OBJETIVOS

Con los mismos objetivos formales que las anteriores actividades, en ésta se pretende una reflexión posterior sobre el orden de las palabras en las oraciones de relativo.

■ PROCEDIMIENTO

Se les advierte a los estudiantes que la mayoría son frases con relativos precedidos de preposición semejantes a las de la actividad 2, de manera que se espera que reconozcan y ordenen *antecedente* + *preposición* + *(artículo)* + **que/quien** + *verbo* para llegar a una definición correcta de dos personas, dos cosas, dos lugares y dos acciones que son los mismos para A y para B, como podrán comprobar asociando las definiciones y discutiendo de qué puede tratarse después de llegar a ellas.
Si pasados unos minutos de trabajo individual no aciertan a descubrir los referentes de las definiciones se pueden escribir desordenados en la pizarra.

■ IDEAS ALTERNATIVAS

Se puede proponer, a continuación, un concurso de adivinar definiciones por categorías como las anteriores (personas, cosas, lugares, acciones, etc.) o de hacer definiciones originales de un mismo objeto sin mencionarlo.

■ SOLUCIONES

Para el alumno **A**:

1. Persona a la que le preocupa mucho el paso del tiempo. = Un/a modelo.
2. Alguien a quien le resulta imposible volver a casa para dormir. = Un astronauta.
3. Cosa con la que puedes fabricar globos. = Chicle.
4. Cosa contra la que están los dentistas. = Caramelos o dulces.
5. Lugar del que no puedes salir sin caminar mucho. = Desierto.
6. Lugar por el que se suele caminar descalzo. = Playa.
7. Lo que hace el viento. = Soplar.
8. Lo que haces con los dedos cuando te los llenas de helado. = Chupar.

Para el alumno **B**:

1. Sitio en el que el agua es bastante escasa. = Desierto.
2. Persona para la que es facilísimo volar sin alas. = Un astronauta.
3. Sitio del que la gente vuelve más morena. = Playa.
4. Alguien con el que sueñan muchas personas. = Un/a modelo.
5. Lo que hacen los bebés con el biberón. = Chupar.
6. Algo con lo que puedes callar a un niño cuando llora. = Caramelos o dulces.
7. Algo que haces delante de la tarta de cumpleaños. = Soplar (las velas).
8. Algo por lo que se conoce a los americanos. = Chicle.

Rabillos de pasa

Hace referencia a la receta popular de comer rabillos de uvas pasas para mejorar la memoria.

■ OBJETIVOS

Activar la competencia comunicativa del alumno en el campo designativo de los objetos domésticos.

■ PROCEDIMIENTO

Preferentemente por parejas, deben encontrar el nombre del objeto definido con ayuda del diccionario, el profesor o el vocabulario que previamente habrán de separar en el interior de la serpiente glotona, aunque conviene que en clase los estudiantes se ayuden mutuamente antes de recurrir a cualquiera de estas fuentes.

■ IDEAS ALTERNATIVAS

La búsqueda de las palabras se puede plantear como un concurso contrarreloj por parejas o por equipos.

■ SOLUCIONES

1. Bombilla. 2. Cable. 3. Equipo de música. 4. Estanterías. 5. Alfombra. 6. Ceniceros. 7. Persianas. 8. Cortinas. 9. Jarrón o florero. 10. Cuadros. 11. Muebles. 12. Cojines. 13. Cerradura. 14. Toalla. 15. Grifos. 16. Espejo. 17. Cisterna. 18. Lavadora. 19. Plancha. 20. Mesita de noche.

■ CUADERNO DE EJERCICIOS

Para esta y las siguientes actividades relacionadas con el vocabulario del hogar:
Ejercicio 1: segunda parte: asociar objetos a sus usos y definirlos mediante oraciones relativas con preposición.
Ejercicio 2: describir objetos.
Ejercicio 3: asociar vocabulario de objetos domésticos.
Ejercicio 4: completar un árbol o diagrama de léxico del hogar.
Ejercicio 5: completar las palabras de una serie de crucigramas temáticos.
Ejercicio 6: elegir el objeto que sea diferente entre cuatro argumentando la razón.
También se pueden utilizar como refuerzo al final de la unidad.

Memoria de elefante

Expresión que se aplica a una buena memoria capaz de almacenar muchosdatos.

■ OBJETIVOS

Adquirir términos de objetos domésticos, así como la estructura para definirlos hablando del material de que están hechos, su función o su situación normal.

■ PROCEDIMIENTO

Se reparten los términos de la página 79, de modo que cada alumno se encargue de redactar la definición de algunos de ellos.

También se pueden excluir los ya conocidos por todos en una revisión previa en la que se insista en el procedimiento de definición o descripción, llamándoles la atención sobre la inclusión de los verbos que se ofrecen a continuación.

■ REFERENTES CULTURALES

Mesa camilla: mesa redonda cubierta con una tela, debajo de la cual hay normalmente una fuente de calor (casi siempre brasero). En la mayoría de los hogares españoles evoca la asociación con lo acogedor.

■ OBJETIVOS

Fijar el vocabulario aprendido. Introducir la diferencia Indicativo / Subjuntivo en las oraciones de relativo.

■ PROCEDIMIENTO

Dado que es el primer uso de Subjuntivo que aparece en el libro, conviene aprovechar la ocasión para hacer un repaso de la morfología de todos sus tiempos. Asimismo, se puede incidir en la correlación temporal de los verbos implicados en la oración de relativo antes de pasar a la práctica de ésta con los verbos en pasado. Si es necesario recordar y practicar la correlación con los verbos en Presente o Pretérito Perfecto el profesor puede recurrir a elaborar en la clase una lista de cosas imposibles o no inventadas todavía, como por ejemplo:

- **No hay** una máquina que **viaje** en el tiempo.
- No **se ha inventado** un aparato que **transforme** las piedras en comida.
- **Está** aún por descubrir una medicina que **cure** el cáncer.

Si no es necesario, se puede pasar a escribir la continuación de la queja de Mortimer Pibody que recoge las carencias de su hogar durante su estancia en una base antártica: **No había nada que sirviera para...**
Conviene orientar al alumno a pensar en dichas carencias desde el punto de vista de una persona extremadamente exigente para la que un triturador de basuras orgánicas es una comodidad elemental para sobrevivir, de manera que la queja puede resultar escrita en clave de humor. Por otra parte, para evitar frases como "tampoco tenía un sirviente", es conveniente pedirles que eviten mencionar la persona o el objeto que echaba en falta Mortimer Pibody y utilicen para referirse a ello su cualidad o función: **tampoco tenía a nadie que me sirviera el té a las cinco y con quien pudiera conversar.**
El ejercicio funciona bien en colaboración, negociando el contenido de la carta por parejas o grupos de tres.
En grupos con alumnos británicos, quizás sea conveniente incidir en el sentido cómico de la actividad para que no se sientan molestos con el estereotipo.
Recordar también que es una carta formal de protesta, por lo que se debe prestar atención al estilo apropiado para tal caso.

■ IDEAS ALTERNATIVAS

Transformarlo en el juego del "veo veo". Como continuación y ampliación sugerimos etiquetar objetos en clase entre todos.
Otra alternativa es jugar al diccionario. El juego consiste en elaborar definiciones de palabras no conocidas por nadie en la clase, al estilo de un diccionario, intentando que sean verosímiles para que resulten elegidas como la auténtica.

Normalmente el profesor ofrece la palabra y se asegura de que los estudiantes no conocen el significado. Éstos elaboran por parejas la definición y la entregan al profesor, quien las baraja todas -incluyendo la que él mismo copia del diccionario- y las somete a votación. Obtienen puntos las parejas que aciertan la definición correcta y también aquellas que han elaborado las definiciones que resultan votadas aunque no sean las verdaderas.

■ CUADERNO DE EJERCICIOS

Ejercicio 7: reflexión gramatical sobre la diferencia entre Indicativo y Subjuntivo en las frases de relativo.

Ejercicio 8: práctica semicontrolada de las relativas referidas al pasado en el marco de una carta de protesta a partir de estímulos visuales.

Ejercicio 9: práctica libre de las relativas referidas al pasado en el marco de una carta al director de un periódico solicitando ayuda.

Sopa de letras

■ OBJETIVOS

Fijar y contextualizar expresiones en las que aparecen términos de alimentos.

■ PROCEDIMIENTO

La búsqueda de algunos alimentos en la sopa de letras permitirá a los alumnos usar estructuras como:

- **Torta** está en la tercera línea empezando por arriba en horizontal de izquierda a derecha.

Una vez encontradas las palabras, para aclarar el significado de las expresiones, se puede comenzar por preguntar a los alumnos si reconocen alguna de ellas y, en tal caso, si saben en qué situaciones se utilizan o pueden aportar un ejemplo. Si no conocen ninguna, se puede empezar por el ejercicio que se propone en la página 84, sin dar previamente la explicación de las expresiones, para que el contexto los acerque a ellas. Debería llamarse la atención sobre la necesidad de que las usen de forma correcta conjugando los verbos y teniendo cuidado con las concordancias. Después se ponen en común y se corrigen.

■ SOLUCIONES

Explicación de las expresiones:

- **Darle calabazas a alguien**: desairar o rechazar al pretendiente o a la persona que requiere en amores. Suspender un examen.
- **Dar las uvas**: se refiere a las uvas de Nochevieja, que se toma con las últimas campanadas del año, de ahí el significado de 'hacerse tarde'.
- **Darse una piña / torta**: darse un golpe contra algo, tener un accidente con el coche.
- **Dar una torta**: pegar a alguien con la mano en la cara.
- **Estar como un fideo**: estar muy delgado.
- **Importar un pimiento / pepino / comino**: importar poco o nada.
- **Irse / Mandar a alguien a freír espárragos**: se emplea para despedir a alguien con aspereza, enojo o sin miramientos.

- **Pedirle peras al olmo**: esperar en vano de uno lo que naturalmente no puede provenir de su educación, de su carácter o de su conducta. Pedir algo imposible.
- **Ser del año de la pera**: ser muy antiguo o pasado de moda.
- **Ponerse como una sopa**: mojarse, empaparse.
- **Ponerse como un tomate**: sonrojarse, azorarse.
- **Sacarle a alguien las castañas del fuego**: hacer en beneficio de otro una cosa de la que puede resultar daño o disgusto para sí. Resolver los problemas a alguien.
- **Ser pan comido**: ser muy fácil de conseguir.
- **Ser un melón**: ser torpe o necio.
- **Tener mala leche / uva**: tener mala intención.

Al ejercicio:

1. Bueno, **me importa un pimiento** que no quiera salir conmigo el viernes.
2. **No le pidas peras al olmo**, ya sabes que no es muy listo.
3. ¿Te falta mucho? Como no te des prisa, **nos van a dar las uvas**.
4. ¿Sabes que Gracia se ha roto una pierna? El otro día esquiando tropezó y **se dio una piña / torta** con una roca.
5. Pablo y Rosana se llevan fatal. El otro día hasta se pelearon y ella **le dio una torta.**
6. Me ha pillado una tormenta en la calle y **me he puesto como una sopa**.
7. ¡Tiene mucha cara! Siempre encuentra a alguien que **le saque las castañas del fuego.**
8. María José es muy vergonzosa, no se acostumbra a hablar en público. Y, cuando hay mucha gente, **se pone como un tomate**.
9. Mi prima es increíble, tiene un amigo muy rico que lleva años queriendo salir con ella, pero ella siempre **le da calabazas**.
10. Tengo en mi casa un escritorio que parece que **es del año de la pera**.
11. Sí, la verdad es que es **un melón**.
12. No te preocupes por el gazpacho, yo lo hago en un momento, **es pan comido.**
13. ¡No te soporto más! **¡Vete a freír espárragos**!
14. Ten cuidado con lo que hace y dice Jaime. **Tiene mala leche / uva**.

■ CUADERNO DE EJERCICIOS

Ejercicio 10: crear contextos para expresiones con alimentos.
Ejercicio 11: completar diálogos con expresiones con alimentos.

Deje su mensaje después de la señal... Gracias

Este título nos lleva inmediatamente a un tipo de texto muy concreto: el de los mensajes grabados en un contestador automático.

■ OBJETIVOS

En el contexto preciso de los recados en los contestadores automáticos, se introducen formas para pedir en un registro informal o coloquial.

■ PROCEDIMIENTO

Tras aclarar en común el significado de las palabras extraídas de los mensajes, se anima a los alumnos a tomar nota de las cosas que Rosa pide a sus amigos sin preocuparse por entender todas y cada una de las palabras.
La segunda vez que se escucha la cinta se presta más atención a la forma de algunos verbos con los que han de completar los cuatro fragmentos de mensaje seleccionados.

■ IDEAS ALTERNATIVAS

Como complemento o, si cabe, antes de todo, no estaría mal incidir en los mensajes de salida que se suelen grabar en los contestadores y pedirles a nuestros estudiantes que redacten el que grabarían si vivieran en España y dispusieran de un contestador. Incluso puede ser interesante que sean grabados para que después oigan su propia pronunciación, entonación, etc. y se analicen los posibles errores.

■ REFERENTES CULTURALES

Chulo (sustantivo): proxeneta. Persona agresiva y arrogante. Típico personaje costumbrista madrileño.

Chulo (adjetivo): valoración general positiva y muy atractiva.

Sangría: bebida típica española hecha de vino tinto y fruta.

TRANSCRIPCIÓN

Contestador 1: Este es el contestador automático del 2849016, deje su mensaje cuando escuche la señal.

Mensaje 1: Hola Juan, que soy Rosa... Mira... que ya sabes que la fiesta es el sábado que viene. Bueno... lo que pasa es que, como sabes que se me olvida todo, no sé cómo poner el equipo de música porque me parece que el cable éste no funciona. Si puedes, por favor, tráete uno y tú te encargas de la música y eso, ¿vale? ¡Ah!, y que no se teolviden los discos y tus cintas, esas tan chulas que tenías grabadas de los sesenta, ¿sabes Que se lo digas también a tu hermano, ¿vale? Bueno... Pues nada... Que nos vemos. Llámame y me lo confirmas, ¿no? Un beso.

Contestador 2: Hola, soy Lola. En este momento no estoy en casa pero si quieres, deja tu mensaje y te llamaré cuando pueda. Gracias.

Mensaje 2: Lola... que soy yo otra vez... que ya sé que soy muy pesada pero es que no tengo nada que ponerme para el sábado. ¡Uf! Tengo el armario hecho un lío y se me ha quedado todo grande, no me viene ningún vestido. Te llamaba porque, si tú no te vas a poner tu chaquetilla dorada..., a ver si me la podías prestar. Hija, es que no tengo nada decente que ponerme. Y..., mira..., si puedes traerte la batidora tuya... Es que la mía me parece que está rota. Sólo eso.Hasta luego. Que me llames, ¿eh?

Contestador 3: Este es el contestador automático de ultracongelados Roldán e hijos. Lo sentimos mucho pero ahora no podemos atenderle. Deje el día y la hora de llamada e intentaremos ponernos en contacto con usted lo antes posible. Espere la señal para dejar su mensaje. Gracias.

Mensaje 3: ¡Hija, Mercedes! ¡Qué mensaje tan largo tienes! Bueno, mira... que te llamaba para quedar el sábado en mi casa, que voy a hacer una fiesta para celebrar que ya estoy bien. Que le digas a Catalina que venga, y si ves a Pablo y a Javier, también. Es que yo no sé cómo localizarlos y si queréis, pues os traéis algo de beber que no sea vino, porque voy a hacer una sangría, ¿vale? Pues bueno..., nos vemos. Un beso. Hasta luego.

Contestador 4: Usando este contestador telefónico le estás regalando dinero a la Telefónica. Es mejor hablar en directo. De todas maneras, ya que has llamado, di lo que quieras después de la señal, tienes media hora.

Mensaje 4: Javier... que soy Rosa. Mira, te llamaba para pedirte un favor... porque he pensado preparar langostinos para la fiesta... pero no tengo tiempo para comprarlos..., y como tú de esas cosas sabes mucho, a ver si podrías traerlos tú. Harían falta por lo menos dos kilos... ¡Ah!, y si tienes una olla grande, pues también te la traes para hervirlos, ¿sí? Llámame de todas formas. Un beso.

■ CUADERNO DE EJERCICIOS

Ejercicio 12: elegir las formas verbales y marcadores correctos para completar una conversación telefónica.

Ejercicio 13: elaborar mensajes telefónicos para pedir cosas.

Para chuparse los dedos

El título de esta actividad es una expresión que se utiliza cuando algo está realmente delicioso.

■ OBJETIVOS

Presentar conjuntamente mediante una receta de cocina -otro texto propio también del ámbito del hogar- el vocabulario de la cocina y las estructuras gramaticales que se emplean para dar instrucciones en español.

La receta de Abanico es un tanto especial: no hay coherencia absoluta en el uso de una misma fórmula, se han mezclado las formas impersonales con los imperativos de tercera persona y, a costa de esta coherencia, se pretende que el alumno se encuentre con formas diferentes para dar instrucciones, ampliables facilmente por medio de la referencia a otras posibles como el Infinitivo o los imperativos de segunda persona.

■ PROCEDIMIENTO

Dado que la receta es un modelo y que su vocabulario va a ser después recogido, sería conveniente que no se cubrieran los vacíos léxicos tras la primera lectura. Es mejor que los alumnos subrayen las palabras que no conocen y que esperen al siguiente paso para aclarar las dudas que puedan quedar. Este segundo paso consiste en extraer el vocabulario y las estructuras gramaticales (ver soluciones). Es el momento de ampliar, si se considera oportuno, el vocabulario que se ofrece, tanto de objetos de cocina como de verbos.

Al revisar las estructuras gramaticales y comprobar que en esta receta aparecen simultáneamente la construcción impersonal (con el verbo en singular y en plural) y el Imperativo de tercera persona, conviene llamar la atención sobre el hecho de que no es lo estilísticamente correcto: ellos no deben escribir así su receta sino que tendrán que elegir una de las formas para dar instrucciones.

■ SOLUCIONES

1.- olla o cacerola, colador, cuchillo, recipiente, batidora, cuchara, plato grande o fuente.

2.-hervir, cocer: calentar algún alimento líquido o sólido dentro de un líquido.
añadir, echar, colocar: poner.
quitar: lo contrario de poner.
volcar: echar una cosa en algún recipiente.
escurrir: quitar el agua.
enfriar: lo contrario de calentar.
refrescar: enfriar con agua.
batir, mezclar: mover y unir algo.

3.-a.- Se pone, se echan, se dejan, se quita, se dejan, se vuelcan, se cortan, se lavan, se ponen, se escurren, se refrescan, se ponen, se bate, se añade, se puede añadir, se haría, se aconseja.

b.- Déjelas, coja, añada, ponga, coloque, decore.

c.- con **cuando**: Cuando hierva, se echan los langostinos.
con **en cuanto**: en cuanto la salsa ya esté bien hecha... En cuanto esté preparada la mayonesa...
con **hasta que**: se dejan hasta que el agua vuelva a hervir.

d.-con **para que**: para que escurran y se enfrien, para que se queden "enteras", para que conserven un bonito color, para que quede más suave, para que no se mezcle con el resto de los sabores.

■ OBJETIVOS

Práctica controlada de las estructuras gramaticales con Subjuntivo (temporales con valor de futuro y finales con **para que**).

■ PROCEDIMIENTO

Páginas 88 y 89 arriba. Se trata de un ejercicio de transformación en el que resultan reformulados una serie de trucos de cocina. Es bastante mecánico y obliga a fijarse en las formas verbales.

Página 89 abajo. La continuación abierta de que recuerden otros trucos de cocina permite el paso a la escritura de recetas, que puede plantearse como tarea final o de cierre y recopilación de toda la unidad.

■ IDEAS ALTERNATIVAS

Es posible plantear la escritura de recetas en clase como un concurso con premio a la receta más original o más sabrosa, bien individualmente o por grupos pequeños.

En clases multilingües funciona bien inventar uno o varios platos cuyo nombre se da en la lengua original y comparar más tarde los platos resultantes de la imaginación con el original u originales que sólo las personas de esa nacionalidad conocen.

Disponer de un vídeo en el aula también puede resultar interesante para visualizar el vocabulario propio de la cocina. Poniéndolo la primera vez sin voz, los estudiantes pueden intentar reconocer el mayor número de alimentos y utensilios que aparecen y seguir una a una las acciones necesarias para realizar un plato. Una puesta en común y una segunda visualización permiten ampliar el vocabulario y tener todos los elementos necesarios para escribir una buena receta con instrucciones precisas y bien secuenciadas. Desde luego, nada como hacer un plato en directo, aunque no siempre es fácil disponer de los medios.

■ SOLUCIONES

1.- Para que el pescado sepa mejor, tiene que estar bien limpio.
2.- Cuando el tomate está/esté ácido, se pone una cucharadita de azúcar.
3.- Para que esté en su punto, la pasta no se debe refrescar con agua.
4.- Después de que las salsas hiervan, se añadirán las especias.
5.- Para que no se rompan, las cazuelas de barro sin estrenar se mojan.
6.- Para que la tortilla de patatas esté más suave, se le puede añadir un vasito de leche.
7.- Hasta que no quede agua, la paella debe reposar.
8.- Para que el puré de patatas tenga un color rosa muy atractivo, se le puede añadir remolacha.
9.- Antes de poner/ que pongas el chocolate, la leche tiene que hervir. Para que tenga mejor sabor, se le puede poner una copa de coñac.
10.- En cuanto se dore la cebolla, añade la harina porque, si no, se quema.

■ CUADERNO DE EJERCICIOS

Ejercicio 14: completar marcadores y formas verbales en una serie de trucos de cocina.
Ejercicio 15: inventar una receta con los ingredientes dados.

Un poco de literatura

■ OBJETIVO

Comprender y apreciar un texto literario en el que se describe la vida cotidiana y el entorno rural de una feliz pareja del siglo XIX.

■ PROCEDIMIENTO

Tras la lectura y la aclaración del vocabulario del texto, se puede seguir simplemente el planteamiento que se ofrece para suscitar el diálogo en clase a partir de las preguntas sobre los secretos de la felicidad conyugal. La discusión, en grupos de cuatro o cinco personas, permite una mayor posibilidad de emplear el turno de palabra y da pie a la negociación del sentido para llegar a un texto escrito en común. También es más fácil comparar las opiniones, aunque esta parte resulte menos espontánea que en una discusión abierta en clase. Se sugiere también como tarea de casa la lectura y la escritura previa del texto, lo que permite llevar la dicusión a la clase con más argumentos y mejor pensados.

■ REFERENTES CULTURALES

Pedro Antonio de Alarcón (1833-1891) nació en Guadix (Granada). Periodista, político y novelista que inició su carrera literaria en la línea realista y las tendencias costumbristas de su época. Su obra más famosa, *El Sombrero de Tres Picos* no lo es precisamente por su calidad literaria, sino por la pieza musical del mismo nombre que compuso Manuel de Falla.

6

VETE TÚ A SABER

¿De dónde venimos? ¿Adónde vamos?

Nombre: ....

Apellido: ....

Fecha: ....

Curso: ....

UNO. Neus y Lola hablan sobre José Plácido. Lola está enfadada con él y no quiere llamarlo. Pero Neus insiste en que lo llame y hagan las paces. Completa el siguiente diálogo prestando mucha atención a las indicaciones:

Neus (diplomática)	- Oye, Lola, he visto a José Plácido y dice que lo llames.
Lola (enfadada)	- , no quiero hablar con él.
Neus (insiste)	- . ¡No seas tonta!
Lola (lo rechaza)	- . ¡Si quiere hablar conmigo, que me llame él!
Neus (insiste) -	, llámalo.
Lola (dice que no)	- .
Neus (irónica)	- Pues... me parece que tenía un regalo para ti.
Lola (con dudas)	- .
Neus (cariñosa)	- Vamos... tonta... lo llamamos ahora mismo las dos.
Lola (acepta)	- .

DOS. Estás en la playa, no tienes reloj, no sabes exactamente qué hora es pero puedes imaginarlo. Si alguien te pregunta la hora, ¿qué formas elegirías para darle la información?

TRES. Estamos en clase y de repente llega el profesor disfrazado de pollo. Aquí tienes diferentes hipótesis de cuatro estudiantes. ¿Por qué usan las formas marcadas? ¿Quién crees que está más seguro de lo que dice? ¿Quién menos?

Marcus: **Me parece que** quería ir a una fiesta de disfraces y no ha podido.
Emma: **Para mí que** se ha vuelto loco.
Mesoba: **Quizá** tenga problemas de identidad.
Livio: **Lo mismo** anuncia sopas de pollo.

CUATRO. ¿Podrías diferenciar las siguientes acciones?

› comentar:

› criticar:

› cotillear:

VETE TÚ A SABER

Es una expresión que equivale a "quién sabe" y se dice en respuesta a algo de lo que no se tiene certeza.

■ OBJETIVOS

Familiarizar al alumno con recursos de gran valor expresivo para mostrar cierto grado de acuerdo o desacuerdo con lo que propone o afirma el interlocutor, y ayudarlo a reconocer la actitud que subyace a su empleo. Por otra parte, proporcionarle recursos tanto para expresar la probabilidad de una acción como para reaccionar ante un hecho que se le presenta como hipotético.

■ OBJETIVOS FORMALES

Recursos para expresar acuerdo y desacuerdo.
Uso de los tiempos verbales en la expresión de hipótesis.
Marcadores de hipótesis.
Recursos para reaccionar ante una hipótesis.

■ DEBATE

Suposiciones e hipótesis sobre un mundo dentro de muchos años. ¿Cómo serán las ciudades en el futuro? ¿Y las relaciones hombre-mujer? ¿Destruiremos entre todos la naturaleza? ¿Cuál podría ser el invento o descubrimiento más fantástico de la ciencia?

¡Y un jamón!

Es una expresión fuerte de rechazo ante lo que nos sugiere nuestro interlocutor. Pertenece al registro oral y coloquial. Otros equivalentes podrían ser: **¡y un cuerno!, ¡y una leche!, ¡y una mierda!** (en tono ascendente de vulgaridad).

■ OBJETIVOS

Se pretende que los alumnos interpreten en una conversación la actitud de los hablantes hacia lo que les dice o propone su interlocutor, reconociendo el valor expresivo de determinadas fórmulas. Esta actividad, como las dos siguientes, están enfocadas fundamentalmente al aspecto receptivo o interpretativo del uso de la lengua. No se espera que produzcan estas mismas expresiones de forma pragmáticamente adecuada en un principio, sino tan sólo que las entiendan. El análisis del contexto -la relación de las personas que hablan, el tema de conversación y la actitud- así como de la entonación son fundamentales para interpretar el valor de las fórmulas presentadas, por lo que a la transcripción de los diálogos que se han de analizar le acompaña una versión en cinta.

■ PROCEDIMIENTO

Se debe intentar una lectura expresiva del primer diálogo, insistiendo en la necesidad de que se metan en el papel. A continuación, se comprueba que han entendido el contexto, siguiendo el modelo que se presenta más abajo, y se les pide que justifiquen sus respuestas apoyándose en lo que se dice en el texto.

Así es como se produce un primer acercamiento al significado de las expresiones en negrita. Aclaradas todas las dudas, se realiza el mismo proceso con los otros dos diálogos. Una vez que se ha completado el análisis, se escucha la audición, que tiene como objeto ejemplificar la entonación de las expresiones en ese contexto. Se les puede indicar que, a la vez que escuchan, señalen el énfasis de cada una de ellas, pues les ayudará a realizar la actividad siguiente. La tarea final consiste en clasificar las expresiones en las tres categorías indicadas: aceptación, rechazo o evasiva.

■ SOLUCIONES

ACEPTACIÓN: Bueno. Vale. Claro. Bueno, vale. De verdad. Por supuesto. Está bien.

EVASIVA: ¿Tú crees? A lo mejor. No sé...

RECHAZO: ¡Ni loca! ¡Qué va! ¡Qué dices! ¡Ni hablar! ¡Que no! ¡Anda ya! ¡Ni mucho menos! ¡Venga, venga! ¡Venga ya! ¡Y un jamón! ¡Ni pensarlo! ¡En la vida!

■ OBJETIVOS

Ofrecer claves para interpretar el valor de las expresiones idiomáticas de acuerdo / desacuerdo y, en última instancia, proveer al alumno de un repertorio de dichas expresiones clasificadas según los criterios que determinan su uso.

■ PROCEDIMIENTO

Se dice a los alumnos que, por parejas, deben completar el cuadro con las expresiones anteriormente presentadas según las indicaciones que aparecen en la instrucción de la actividad, atendiendo a los dos parámetros que organizan el esquema:

1) el ÉNFASIS con que respondemos: ¡SÍ!, SÍ, SÍ..., NO..., NO, ¡NO!

2) el TIPO DE ENUNCIADO que provoca nuestra reacción:

a) Propuesta / petición.

b) Información / opinión.

Con el fin de evitar confusiones en la realización de la tarea, es conveniente explicar, en primer lugar, la estructura del esquema, y a este respecto, quizá resulte más claro comenzar la explicación por el eje vertical -de mayor a menor énfasis (¡Sí!... ¡NO!), ilustrado por las caras, y señalar después las diferencias entre las columnas de una misma banda:

1) Haga que observen la diferencia de énfasis de las respuestas a la PROPUESTA "¿te vienes?" -columna de la izquierda-. Explique en caso necesario el significado de las que desconozcan.

2) Proceda de igual manera con la expresiones en respuesta a la OPINIÓN "aprender español es facilísimo" -columna de la izquierda-.

3) Advierta que las fórmulas de ambas columnas no son intercambiables, es decir, que no pueden usarse indistintamente como respuesta a peticiones o a opiniones.

Ejemplo: - ¿Te vienes?
* Tienes razón (inadecuada).

Las expresiones de la columna central, sin embargo, son adecuadas ante los dos tipos de enunciado previo.

Para facilitar la tarea de los alumnos, conviene dar algunas indicaciones que sirvan de guía, por lo que es aconsejable:

1. Señalar la correspondencia de las categorías de la actividad anterior con las bandas delimitadas por el énfasis:

Las bandas ¡SÍ! y SÍ corresponden a la ACEPTACIÓN.
Las bandas SÍ... y NO... corresponden a la EVASIVA.
Las bandas NO y ¡NO! corresponden al RECHAZO.

2. Explicar con claridad la disposición de las expresiones ya situadas para que ellos sean capaces de encajar las demás, así como su significado para que procedan a colocar algunas de ellas por asociación.
Por ejemplo:

en la vida = nunca.
ni loca = (eso no lo haría) ni (en el caso de que estuviera) loca.

3. Indicarles que coloquen en primer lugar las expresiones de rechazo fuerte (¡NO!) y que vuelvan a los diálogos para comprobar si son respuestas a informaciones o propuestas. Sólo dos no pueden ser respuestas a una opinión: "¡ni loca!" y "¡en la vida!" requieren antes una propuesta o petición.
Las equivalencias o semejanzas anteriores pueden ayudarles a completar la parte correspondiente a NO... y a SÍ... Por otra parte, "De verdad" es la única afirmación fuerte posible ante una información u opinión, mientras que con igual énfasis (¡SÍ!), "Por supuesto" responde tanto a a) como a b). Sólo quedan las que encajan en el SÍ: "Claro" es la única que puede responder a a) y b).
Incluimos algunas fórmulas que pueden necesitar aclaración:
¡Faltaría más!: Expresión vehemente que manifiesta una actitud servicial en una situación en la que los interlocutores se tratan con mucho respeto.
¡Anda que no!: Expresión de acuerdo máximo con una opinión. Conviene llamar la atención sobre su significado positivo, a pesar de las apariencias.
No tengo ganas vs. No me da la gana: Ambas fórmulas expresan actitud de rechazo, pero el mayor énfasis de la segunda la convierte en una expresión grosera, maleducada, mientras que la primera significa tan sólo "no me apetece".
Ya será menos: Expresión para restar importancia cualitativa a una afirmación que el hablante considera exagerada.
Por ejemplo: ● Las mujeres españolas son las más apasionadas de Europa.
❍ Ya será menos. (Serán apasionadas, pero no las más apasionadas de Europa).
¡Anda!: Expresión de sorpresa. Por ejemplo: ¡Anda! ¡Te has comprado un coche nuevo!
¡Anda ya! / ¡Venga ya!: expresión vehemente de rechazo, que significa "no voy a hacer lo que pides", en respuesta a una petición, o "no estoy en absoluto de acuerdo con lo que dices", en respuesta a una opinión.
¡Venga!: dependiendo de la entonación, puede tener el mismo significado que ¡venga ya! o significaciones radicalmente opuestas que básicamente son una aceptación a una propuesta. Es también una expresión de ánimo equivalente a ¡vamos!
¡Menudo...! / ¡Vaya...! / ¡Qué...!: expresiones ponderativas, tanto positivas como negativas, de registro coloquial. Con la palabra "rollo" ('mentira', 'cuento') son un recurso para expresar desacuerdo que equivale a"¡no creo una palabra de lo que dices, te lo has inventado todo!". Es usada preferentemente por la gente joven.

Por ejemplo: - Siento llegar tan tarde, pero es que me ha llamado por teléfono Almodóvar por si quería participar en su última película.

- ¡Vaya rollo!

La palabra "rollo" forma parte también de varias expresiones coloquiales de gran valor expresivo. El referente es cualquier objeto cilíndrico en el que parte del material se envuelve sobre sí mismo (rollo de papel higiénico, rollo de película fotográfica). A partir de ese significado referencial se han desarrollado otros como 'pesadez' (ser un rollo, enrollarse hablando, etc.), 'lío', (enrollarse con alguien, tener un rollo, ser un mal/buen rollo, ser un tío enrollado, etc.).

■ SOLUCIONES

¡SÍ!: (a y b) Por supuesto.
(b) De verdad

SÍ: (a) Bueno. Vale. Está bien. Bueno, vale.
(b) Claro.

SÍ...: (b) A lo mejor.

NO...: (b) No sé... ¿Tú crees?

¡NO!: (a) En la vida. Ni loca.
(a y b) Que no. Qué va. Qué dices. Ni hablar. Ni pensarlo. Ni mucho menos. Anda ya. Venga (ya). ¡Y un jamón!

■ CUADERNO DE EJERCICIOS

Ejercicio 1: asociar palabras con su definición.

Ejercicio 2: decidir si las reacciones son adecuadas al contexto en que aparecen y corregir en caso de que no lo sean.

Ejercicio 3: constatar el valor pragmático de varias expresiones, completando el contexto que las justifica.

Ejercicio 4: elegir la reacción adecuada a propuestas o informaciones justificándola.

Ejercicio 6: completar un diálogo con las intervenciones de uno de los interlocutores a partir de un contexto dado.

Ejercicio 7: crear un diálogo a partir de un contexto dado.

■ OBJETIVOS

Reconocer el grado de acuerdo o desacuerdo de los hablantes en el contexto de una entrevista callejera emitida por la radio y negociar y justificar los resultados.

■ PROCEDIMIENTO

Dado que el objetivo último de la actividad es participar en un concurso radiofónico, conviene indicar a los alumnos que para ello deben completar la etiqueta de Radiovox que, por motivos de coherencia, se encuentra al final del ejercicio (página 98). El diseño de la etiqueta facilita la comprensión de la dinámica de la actividad, por lo que es recomendable dar las explicaciones pertinentes cerciorándose de que la tienen delante: para contestar a las dos preguntas que se proponen deben valorar las reacciones de los entrevistados que van a oír en la cinta y decidir el porcentaje aproximado de personas que están de acuerdo o en desacuerdo con la afirmación o propuesta del entrevistador.

Puede ayudarles marcar el sentido de la reacción en el indicador (una especie de "acuerdómetro") situado junto a la expresión correspondiente. Se ofrece un ejemplo con la expresión **¡Y que lo digas!**, respuesta de la primera persona entrevistada, cuyo "acuerdómetro" refleja que se trata de una fórmula de acuerdo máximo.

Antes de poner la cinta, llame la atención sobre la utilidad del comentario que sigue a cada expresión que van a oír para aclarar el valor de las reacciones, puesto que ofrece más datos sobre la actitud del hablante.

Después de la audición, los alumnos contrastan sus respuestas por parejas (¡recuérdeles que el premio del concurso es un viaje para dos personas!). Invítelos a que intenten recordar los comentarios que acompañaban a cada reacción. A continuación, se evalúan los resultados finales de la encuesta entre toda la clase. Habitualmente existen desavenencias en cuanto a dichos resultados (¡cuidado!, la intervención que sirve como ejemplo también se contabiliza), por lo que es recomendable hacer el recuento al mismo tiempo que se pasa la cinta por segunda vez para comprobar las respuestas.

■ SOLUCIONES

1. ¿Piensa la gente de la calle que las mujeres españolas son las más apasionadas de Europa? La mayoría sí.

Reacciones a las opiniones:
- Acuerdo (4): ¡Y que lo digas! Claro que sí, desde luego. Ya. ¡Anda que no!
- Desacuerdo (2): ¡Menudo rollo! ¡Anda ya!
- Evasiva (1): No sé, según se mire.

2. ¿Es fácil ligar con las mujeres españolas? Con la mayoría sí.

Reacciones a las propuestas:
- Aceptación (4): ¡Cómo no! Encantada. ¡Venga! ¡Claro! No sé, bueno.
- Rechazo (3): ¡Venga ya! ¡Ni pensarlo! ¡Ni loca!

TRANSCRIPCIÓN

LOCUTOR: Buenos días. Aquí estamos, como cada día, en tu programa matinal preferido: «Lo que pasa en la calle», el programa que te lleva la opinión de la gente a tu propia casa. Seguimos con el concurso de esta semana. Recordad que hay en juego un viaje al Caribe para dos personas. ¿Que en qué consiste el concurso? Escucha y verás. Tengo encima de la mesa los resultados de una encuesta que hemos hecho nosotros. Vamos a ver... Nuestro reportero Ramón Relamido ha salido a la calle y le ha hecho a un montón de gente dos preguntas muy interesantes sobre la pasión de las mujeres españolas. Lo único que tenéis que hacer es adivinar cuál ha sido la respuesta más general. ¿Entendido? Vamos con la primera pregunta:

REPORTERO: Buenas tardes. Las mujeres españolas son las más apasionadas de Europa. ¿Sí o no?
RESPUESTA: ¡Y que lo digas! ¡Ni punto de comparación!
REPORTERO: ¡Hola! Dicen que las más apasionadas de Europa son las españolas.
RESPUESTA: ¡Menudo rollo! Eso parecen al principio, pero luego lo único que quieren es casarse.
REPORTERO: Hola. ¿Son las mujeres españolas las más apasionadas de Europa?
RESPUESTA: Claro que sí. Desde luego. ¿Quieres preguntárselo a mi novio?

REPORTERO: Perdone un momento. Dicen que las mujeres españolas son las más apasionadas de Europa.
RESPUESTA: Ya. ¿Y qué?
REPORTERO: No, era para saber su opinión.
RESPUESTA: Pues eso, que está claro.
REPORTERO: Buenas tardes. ¿Las mujeres españolas son las más apasionadas de Europa?
RESPUESTA: Pues no sé. Según se mire. Desde el punto de vista del grado de compenetración marital que normalmente...
REPORTERO: Gracias, gracias.
REPORTERO: ¡Señora, un momento para la radio! Dicen que las mujeres españolas son las más apasionadas de Europa.
RESPUESTA: ¡Anda que no! La española cuando besa es que besa de verdad. ¿O no?
REPORTERO: ¡Hola, hola! Las mujeres españolas son las más apasionadas de Europa.
RESPUESTA: ¡Anda ya! ¿Quién ha dicho eso? Donde se pongan las italianas, que se quiten las demás. Eso sí que es pasión.

LOCUTOR: Bueno amigos, ya habéis oído cómo contestó la gente a la pregunta sobre si son las españolas europeas más apasionadas. A continuación os ponemos las respuestas a otra pregunta más directa: nuestro reportero se atrevió a pedir a mujeres de todas las edades que se tomaran una copa con él. ¿Qué créeis que respondieron? Escuchad, escuchad...

REPORTERO: Encantado de conocerla, señora. ¿Qué tal si quedamos esta noche para tomar una copa?
RESPUESTA: ¡Venga ya! ¡Si podría ser tu abuela! ¿A quién se le ocurre...?
REPORTERO: Perdone señorita. Veo que está sola, y estaba pensando si se tomaría una copita conmigo.
RESPUESTA: ¡Cómo no! Encantada. ¿Es para la radio?
REPORTERO: Hola, guapa. Estaba pensando en proponerte tomar una copita esta noche, tú y yo solos...
RESPUESTA: ¡Ni pensarlo! Si se entera mi novio, te mata.
REPORTERO: ¡Hola! ¡Qué prisa tienes!
RESPUESTA: Hola
REPORTERO: Tu cara me suena mucho. ¿No nos hemos visto en otro sitio?
RESPUESTA: No creo.
REPORTERO: ¿Te tomas una copa conmigo?
RESPUESTA: ¡Venga! ¿Dónde?
REPORTERO: ¡Qué mirada tan bonita! ¿Tienes tiempo esta noche para una copa?
RESPUESTA: Claro. Si tú me lo pides...
REPORTERO: Hola, chica. ¿Qué tal?
RESPUESTA: Bien.
REPORTERO: ¿Te gusta la cerveza?
RESPUESTA: Sí.
REPORTERO: ¿Y aceptarías que te invitara a una cerveza con una buena tapa?
RESPUESTA: No sé. Bueno. Pero sólo eso, ¿no?
REPORTERO: ¡Hola, hola, hola! ¡Qué elegante! ¿Qué tal?
RESPUESTA: Pues bien.
REPORTERO: Estaba pensando si te tomarías una copita conmigo esta noche...
RESPUESTA: ¡Ni loca! A mí me gustan los guapos, ¿sabes?

LOCUTOR: Bueno, ¿qué? ¿Habéis sacado alguna conclusión? Espero que sí, si queréis viajar... Pues venga: rellena el cupón que aparece en cualquier producto de «Abanico» y nos lo mandas cuanto antes a Radio Vox, apartado de correos 1234, 18010 Granada. Te lo repito por si no lo has cogido: Apartado 4372, 01569 de Albacete.

■ OBJETIVOS

Se pretende que el alumno practique las expresiones de acuerdo /desacuerdo aprendidas, focalizando esta vez en el aspecto productivo, y que para ello tenga en cuenta el tipo de enunciado al elegir la reacción adecuada.

■ PROCEDIMIENTO

Se divide a la clase en cuatro grupos y se le asigna a cada uno de ellos uno de los criterios de actuación descritos en las instrucciones de la actividad, a saber: (1) MUY COOPERATIVOS, (2) COOPERATIVOS INDECISOS, (3) NO COOPERATIVOS EVASIVOS, (4) NADA COOPERATIVOS. Es importante conseguir un ambiente desenfadado, propicio para todo tipo de reacción, por lo que interesa que los alumnos adopten su papel hasta las últimas consecuencias. Puede resultar útil crear conciencia de grupo instándoles a ponerse un nombre representativo de su actitud.

Una vez establecidos los grupos, por turnos, un alumno debe dirigirse a otro compañero -incluso dentro de su propio equipo- y leerle uno de los enunciados. El compañero tendrá que reaccionar, de acuerdo con el papel que se le ha asignado, utilizando las expresiones de aceptación, evasiva o rechazo adecuadas al tipo de enunciado -puede tratarse de una petición/propuesta o de una información/opinión- y apoyar su elección con un comentario que sea pertinente. Por ejemplo:

● ¿Me pasas la sal? (Petición a un "nada cooperativo").
❍ No me da la gana, que tú nunca me la pasas.

Para facilitarle al alumno la elección de una fórmula adecuada, es conveniente indicarle que trabaje con el cuadro de expresiones delante y señalarle, si es necesario, a qué franja de énfasis corresponde su actitud.

■ IDEAS ALTERNATIVAS

Crear grupos en clase, como mínimo de cuatro personas, de forma que en cada uno haya un representante de las cuatro actitudes y se hagan las preguntas entre ellos.

■ OBJETIVOS

Estimular el uso de recursos para expresar hipótesis que el alumno con mayor o menor grado de dominio ya posee, e insistir en uno de los mecanismos que existen en español para marcar un enunciado como hipotético: el modo virtual -el Futuro sin valor temporal y el Condidicional-, haciéndoles ver que el nativo se decanta con mucha frecuencia por este recurso.

■ PROCEDIMIENTO

Con objeto de ofrecerles un contexto apropiado para hacer hipótesis se les sugiere que intenten dar posibles explicaciones a un hecho extraño: el dibujo del perrito subido en el árbol (página 99). Recurrirán probablemente a los marcadores más habituales que, además, se les presentan en los ejemplos.

Cuando se agoten las explicaciones, se les llama la atención sobre los exponentes que ellos mismos han usado. No es fácil que en sus respuestas hayan utilizado el recurso de expresión de hipótesis que los hablantes nativos usamos con mayor frecuencia: cambiar el tiempo de los verbos.

Antes de entrar en cómo se lleva a cabo el cambio de tiempo verbal, se les dice que se fijen en los dibujos (página 100) y se les pide que analicen el primer diálogo y describan la situación -en la calle él pregunta "¿qué hora es?", ella mira su reloj y contesta "son las seis"-, y que, a continuación, intenten imaginar el segundo diálogo con la misma pregunta pero en distinta situación: desnudos en la playa. En esta situación, ella no puede responder "Son las seis" porque no tiene reloj, pero tampoco él puede preguntar "¿Qué hora es?" porque sabe que su compañera no puede darle la información exacta. Su pregunta será una invitación a hacer hipótesis sobre la hora mirando al sol. Si ambos recurren a un procedimiento que no sea introducir un marcador de hipótesis, el diálogo puede ser:

ÉL: ● ¿Qué hora será?
ELLA: ○ Serán las seis.

Al comparar las distintas situaciones se pretende hacer conscientes a los alumnos de las diferencias en los enunciados cuando *sabemos* la respuesta con exactitud (miramos el reloj) o solamente *la suponemos* (en la playa, sin reloj). En la primera situación utilizaremos tiempos reales -Presente, Perfecto, Indefinido, Imperfecto, Pluscuamperfecto-, y, en la segunda, tiempos virtuales -Futuro Simple o Compuesto y Condicional Simple o Compuesto-.
La oposición **lo sé/lo supongo** establece las correspondencias verbales a que aludimos. De acuerdo con ellas se les pide que completen los ejemplos que aparecen a continuación del cuadro.

■ SOLUCIONES

Está durmiendo. **Estará** durmiendo.
Ha tenido un problema con la moto. **Habrá tenido** un problema con la moto.
Anoche **se emborrachó**. Anoche **se emborracharía**.
El día anterior **había venido** su novio. El día anterior **habría venido** su novio.

■ CUADERNO DE EJERCICIOS

Ejercicios 5 y 8: práctica controlada de las correspondencias verbales en enunciados marcados como hipótesis y enunciados no marcados.

■ OBJETIVOS

Presentar y estimular el uso de otro de los recursos para la expresión de la hipótesis: el uso de marcadores, de manera que los alumnos sean capaces de valorar el diferente grado de seguridad que implica el empleo de cada una de las formas presentadas.

■ PROCEDIMIENTO

Se plantea a los alumnos que, por parejas y de acuerdo con el mecanismo anterior -uso de los cambios verbales para expresión de hipótesis-, busquen las preguntas apropiadas a cada una de las situaciones que se presentan. Recuérdeles que el uso del Futuro en la pregunta es una invitación a hacer hipótesis e implica extrañeza por parte del que la hace.

Situación 1 (monja encarcelada):
- ¿Por qué estará en la cárcel?, ¿qué habrá hecho para estar en la cárcel?

Situación 2 (señor en el ascensor):
- ¿Qué habrá hecho?, ¿por qué lo mirarán todos?

Situación 3 (piraña en un bidé):

- ¿Qué hará una piraña en un bidé?, ¿quién la habrá puesto ahí?

El segundo paso es hacer hipótesis sobre las tres situaciones.
Una vez puestas en común todas las respuestas, se remite a la posición que este recurso ocupa en el esquema de marcadores de posibilidad. Dicho esquema organiza los marcadores en función del grado de seguridad de la hipótesis que expresa cada uno de ellos, desde un grado máximo hasta un grado mínimo, visualizado a través de los "segurómetros" que aparecen al margen.
Podemos recurrir de nuevo a las tres situaciones anteriores para ejemplificar el uso de cada grupo de exponentes, haciendo hicapié en que las explicaciones que más les convenzan deberán ir precedidas de los marcadores de mayor grado de seguridad, mientras que las que consideren más improbables serán introducidas por los que indican menor grado de seguridad.
Conviene resaltar la advertencia que se recoge en el papelito al lado del esquema: el empleo de **seguro que, estoy seguro de que y seguramente** exclusivamente como marcadores de hipótesis y no cuando el hablante está absolutamente seguro de algo. Usarlos con este sentido es un error que algunos estudiantes extranjeros cometen con frecuencia por contaminación de otras lenguas en las que marcadores semejantes se usan de forma diferente.

■ CUADERNO DE EJERCICIOS

Ejercicio 9: práctica controlada de los marcadores de hipótesis en función del grado de seguridad que expresan.

Ejercicio 10: práctica controlada del modo verbal asociado a los marcadores de hipótesis.

Ejercicio 11: práctica libre de la expresión de hipótesis.

■ OBJETIVOS

Se pretende que el alumno reconozca el grado de seguridad que implica el uso de algunos de los marcadores de posibilidad presentados en la actividad anterior y que disponga no sólo de recursos para expresar hipótesis sino también de mecanismos para reaccionar adecuadamente ante un enunciado que el interlocutor le plantea como hipotético.

■ PROCEDIMIENTO

Deben completar por parejas un diálogo con los nueve marcadores de posibilidad que aparecen en el recuadro al margen. Los estudiantes deberán interpretar el grado de seguridad que tienen las hipótesis formuladas para decidir qué reacción es la más apropiada o qué forma las introduce. Es conveniente llamarles la atención sobre las expresiones destacadas en negrita, que facilitan la elección porque ayudan a entender en qué medida el hablante considera probable o improbable su propia versión de lo que ha pasado. Para esto (al final de la página 102) disponen de un cuadro que les proporciona información sobre el grado de seguridad tanto de los marcadores que deben colocar como de los que aparecen en negrita en el diálogo. Por otra parte, otro factor que deben tener en cuenta para que exista una solución única, es que algunos de ellos exigen un modo determinado (Indicativo o Subjuntivo) y, por tanto, no son posibles en algunos huecos por el verbo que aparece a continuación.

■ **SOLUCIONES**

Es bastante posible que. ¿Tú crees? Eso es que. No creo. No puede ser. Es posible. Seguro. Supongo que. ¡Anda ya!

■ **CUADERNO DE EJERCICIOS**

Ejercicio 12: reaccionar ante una serie de hipótesis de acuerdo con ciertas indicaciones de actitud.

■ **OBJETIVOS**

Se pretende que el alumno sea capaz de reaccionar ante determinadas hipótesis planteadas por el interlocutor en función de su acuerdo o desacuerdo con ellas y matizando el grado de seguridad con que las acepta o rechaza.

■ **PROCEDIMIENTO**

Siguiendo la instrucción de la actividad, cada pareja piensa en un compañero. Después de leer las hipótesis planteadas sobre su ausencia, eligen individualmente uno de los marcadores del cuadro anterior teniendo en cuenta en qué medida creen posibles cada una de ellas. Su elección depende del argumento que les lleva a considerar dicha posibilidad y que deberán expresar para justificarla. En última instancia, todo depende de su conocimiento del compañero que han elegido. Por ejemplo, si este compañero está últimamente un poco resfriado, ante la hipótesis **Puede ser que estuviera enfermo**, lo lógico es reaccionar diciendo algo como **Es probable**, **porque ayer no se sentía muy bien**, pero si se trata de un sano deportista, una reacción esperable puede ser: **No creo; él presume de que nunca se pone malo**.

Tras aceptar o rechazar con argumentos cada una de las hipótesis, deben formular y argumentar igualmente su propia explicación.

Es el momento de que cada pareja compare tanto las reacciones como las hipótesis que cada uno ha escrito y de comprobar cómo éstas reflejan el concepto que tienen del compañero. Es probable que las hipótesis no sean iguales aunque tengan el mismo concepto de él, e incluso que éste también sea diferente y por eso se les pide que intenten llegar a un acuerdo antes de expresar sus hipótesis ante el resto de la clase. Al final, el compañero aludido puede decir si está de acuerdo o no y dar su propia opinión.

Cotilleos

■ **OBJETIVOS**

La acción de cotillear supone la utilización tanto de recursos para llamar la atención sobre lo que se quiere contar y para introducir el discurso, como de mecanismos para plantear hipótesis sobre los hechos narrados o reaccionar ante ellas mostrando nuestro grado de acuerdo o desacuerdo con la interpretación que de esos hechos hace nuestro interlocutor. El objetivo de la actividad es facilitar el marco para que el alumno active esos recursos de los que ya dispone.

■ **PROCEDIMIENTO**

Creados los grupos de clase tal como se explica en las instrucciones de la actividad, se reparten los cotilleos de la página 105.

Los cotilleos son siempre información, a menudo sorprendente, que el oyente desconoce, por lo que se aconseja, para una mayor verosimilitud de la actividad, que el profesor fotocopie esa página y recorte los cotilleos, de forma que cada alumno se haga responsable de lanzar uno entre sus compañeros sin que estos tengan ninguna referencia previa. Lo que debe hacer, tras recibir el papelito, es decidir los protagonistas de su historia y contársela a sus compañeros dando su propia explicación de los hechos, estos deben mostrar el grado de su acuerdo o desacuerdo y reaccionar ante el cotilleo, interpretando el papel que les ha tocado dentro del grupo. Adviértales que en ningún momento pueden leer y que hay formas (cuadro de la página 104) para llamar la atención de los oyentes y empezar a contarlos.
El papel que se asignan dentro del grupo determina el contenido de la hipótesis que deben formular, así como la reacción a las hipótesis de los demás.

Un poco de literatura

■ OBJETIVOS

Comprender y comentar un texto literario.

■ PROCEDIMIENTO

Lectura inicial del texto. Para ayudar, después de un acercamiento general, se puede plantear un ejercicio de formulación de hipótesis sobre aspectos concretos del texto, de manera que el alumno deduzca su significado con los datos que le ofrece la historia. Por ejemplo, pueden ofrecer duda:

- **malón**: ataque de los indios a un poblado.
- **zaguán**: entrada de una casa.
- **mango de asta**: empuñadura hecha con cuerno de animal.

Antes de dar el significado real, conviene incitar a los estudiantes a que inspeccionen el texto para comprenderlo con más profundidad. A continuación se puede pasar a formular las preguntas que plantea el ejercicio y así reproducir los vacíos del argumento. Para provocar la conversación a partir de este punto de la actividad, se pueden introducir, como estímulo de discusión, temas como los siguientes:
¿La memoria tiene sus limitaciones?, ¿olvidamos para siempre? ¿El tiempo es relativo? ¿Llevamos siempre dentro el niño que fuimos? ¿Es imposible adaptarse a grandes cambios en la vida?

■ REFERENTES CULTURALES

Jorge Luis Borges (n. Buenos Aires, 1899 - m. Ginebra, 1986) es, junto con Julio Cortázar, el escritor argentino de este siglo más admirado y reconocido. Su obra ha servido de magisterio a la literatura contemporánea. Borges ha recreado en su escritura la vanguardia y la lectura del pasado perfilando un punto de vista único, obsesionado por la palabra y por el mundo que ella produce. Fue él quien dijo: "no entiendo la vida sin un libro". Este gran intelectual ha sido uno de los grandes eruditos de nuestra cultura hispana, y la ceguera de sus últimos años le dio aún más la autoridad de sabio que sus textos revelan.

EL CORREVEIDILE

¿De dónde venimos? ¿Adónde vamos?

Nombre: ....

Apellido: ....

Fecha: ....

Curso: ....

UNO. Gracia está un poco sorda, repítele lo que necesite para que lo comprenda bien.

Tú: ¿A qué hora quedamos?
Gracia: ¿Cómo?
Tú:

Tú: ¿Tienes hora?
Gracia: ¿Qué?
Tú:

Tú: ¡Lávate las orejas¡
Gracia: ¿Que estoy muy vieja?
Tú: ¡NO!

DOS. Busca una situación para explicar la diferencia entre estos verbos:

› ir / venir:

› llevar / traer:

TRES. ¿Cómo contarías a alguien los mensajes de Pablo teniendo en cuenta las siguientes situaciones?

Ya he terminado los ejercicios, llamadme hoy, por favor.

a) El mismo día:

b) Una semana después:

... que estuve ayer domingo hablando con Rosa... y ella no tiene el libro. Mañana llamaré.

a) El mismo día:

b) Una semana después:

CUATRO. A ver cuántos verbos conoces relacionados con:

› Decir cosas: contar,

› Pedir cosas: ordenar,

› Hacer cosas con las palabras: saludar,

EL CORREVEIDILE

Un correveidile (de la frase "corre, ve y dile") es una persona aficionada a traer y llevar chismes y cotilleos y que, por tanto, se pasa el día contando lo que ha visto hacer, lo que ha escuchado decir y responder. Esto es, si bien en el buen sentido de la ocupación, lo que vamos a proponer a nuestros alumnos: la transmisión de palabras propias o de otros.

■ OBJETIVOS

Establecido un contacto con los conocimientos previos del alumno avanzado sobre repetición y transmisión de enunciados, se trata de fijar y ampliar la comprensión formal y comunicativa de los mecanismos a disposición del hablante en el discurso referido.

■ CONTENIDOS FORMALES

Estructuras discursivas de repetición de enunciados parciales y totales. Transformación de elementos léxicos y gramaticales. Correlaciones en la transformación de todos los tiempos verbales. Verbos que sirven para resumir lo dicho.

■ DEBATE

¿Por qué los hombres estamos siempre pendientes de lo que dicen y opinan los otros de nosotros mismos? ¿Por qué estamos pendientes de lo que hacen los demás? ¿Por qué necesitamos que nuestros vecinos hablen bien de nosotros? ¿Por qué tenemos siempre que hablar mal de los demás?

Como una tapia

Es una comparación idiomática utilizada en referencia a la sordera: **estar (sordo) como una tapia**. La actividad propone al alumno que se haga el sordo para establecer un marco comunicativo que autorice las repeticiones de enunciados.

■ OBJETIVOS

Recordar al alumno las exigencias gramaticales más inmediatas del llamado "estilo indirecto": **que** + *Presente de Subjuntivo* en la repetición de peticiones. Llamar su atención sobre el sentido de la elección pragmática de repetir todo lo dicho o resumir con la fórmula antes citada.

■ PROCEDIMIENTO

La función del cuadro (página 108) es orientar comunicativamente los conocimientos gramaticales que se supone posee un alumno de este nivel, llamando la atención sobre el poder de resumen de la fórmula **que** + *Subjuntivo*. Haga notar el carácter no marcado de esta fórmula, que obvia en la repetición cualquier intento inicial de ser más o menos cortés en la petición. Una vez reconocida la comprensión del asunto, es aconsejable imponer, en el juego, la estructura del diálogo propuesta: 1) pregunta con fórmulas de petición variadas, excepto el Imperativo -para propiciar la práctica de repeticiones de enunciados totales, sobre todo interrogativos-; 2) petición de repetición; 3) repetición total del enunciado original; 4) segunda petición de repetición, a poder ser con otra pregunta diferente a la primera; y 5) repetición "resumida": **que** + *Presente de Subjuntivo.*

■ CUADERNO DE EJERCICIOS

Ejercicio 1: completar diálogos con la repetición total de lo dicho (preguntas, afirmaciones y peticiones).

Ejercicio 2: dada una repetición, completar diálogos con las palabras originales (preguntas, afirmaciones y peticiones).

¿Que qué?

La posibilidad de decir o escuchar "¿Que qué?" suele provocar la extrañeza de los estudiantes de español, cuando no la hilaridad. Con preguntas así el español marca la petición como parcial, indicando que sólo se exige la repetición de una parte de lo dicho. Puede ser interesante hacer notar el carácter átono del primer "que" y tónico del segundo, que contiene la pregunta: **¿(Has dicho) que qué?**

■ OBJETIVOS

Formular peticiones de repetición parcial de lo dicho, reproduciendo la parte del contexto necesario para que el interlocutor pueda identificar el ítem objeto de la pregunta. Uso de partículas interrogativas: **quién, cuándo, cómo, dónde, qué**.

■ PROCEDIMIENTO

Lo más importante, y lo único que puede plantear problemas, es la comprensión por parte del alumno de lo que se está haciendo con preguntas como éstas, es decir, la comprensión de su utilidad comunicativa. Por ello, plantear contextos en que ejemplificar esta función puede ser de mucha ayuda. El siguiente fracaso conversacional ilumina la necesidad de fórmulas como éstas:

●: Bla, bla, bla, bla, bla, bla, bla, bla, bla, bla, bla, bla, bla, bla...
○: ¿Qué?
●: ¿Qué de qué? ('¿Que es exactamente lo que quieres que te repita?').

■ SOLUCIONES

Hay, naturalmente, más de una posibilidad. Cuanto más rápida es la interrupción al que habla, menos cantidad de información contextual será necesaria. Ofrecemos una solución breve (para el caso de la interrupción inmediata) y una normal (localización contextual completa):

1. ¿Con quién? / ¿Que te la encontraste con quién?
2. ¿Cuándo? / ¿En el momento en que qué? ¿Que le iba a coger la mano cuándo?
3. ¿Dónde? / ¿Que estaban dónde?
4. ¿Cómo? / ¿Que él se le acercó cómo?
5. ¿Una qué? / ¿Que cogió una qué? ¿Que le dio con qué?

■ CUADERNO DE EJERCICIOS

Ejercicio 3: completar con preguntas de repetición parcial un diálogo.

Recados por teléfono

■ OBJETIVOS

Recoger y fijar las reglas morfológicas y léxicas para la transmisión de enunciados cuando cambian las circunstancias personales, locales o temporales.

■ PROCEDIMIENTO

La explicación (página 111) sigue a la práctica (página 110) porque se supone en el alumno un previo contacto con estas reglas, y se pretende así poner a prueba su propio dominio de qué debe cambiar y cómo. El procedimiento sería, pues, pedir a los alumnos que, en parejas, redacten el recado de Gracia, identificar los errores entre toda la clase y, finalmente, acudir a la explicación y posterior corrección de aquello que no fue resuelto adecuadamente al principio. Como es natural, un desconocimiento de partida severo de tales cambios aconsejaría la previa explicación de las reglas.
Como en toda la unidad, es de vital importancia para un buen entendimiento de la actividad, la nítida fijación del contexto que justifica los cambios. Pueden, por tanto, ser necesarios ejemplos más cercanos a los estudiantes.
Con respecto a los cambios de referencias temporales, no está de más recordar a los alumnos que ya fueron objeto de estudio en la unidad 4 (páginas 66-69).

■ SOLUCIONES

"Te ha llamado Emilio hace dos horas y ha dicho que **se ha dejado aquí** las llaves del coche y que, como **tienes** que **ir** a **su** casa, que a ver si **puedes llevárselas**. El caso es que **tenía** que recoger a **su** padre **hace** una hora / **una hora después** en el aeropuerto. Y también me ha preguntado **si vas a necesitar tu** ordenador, porque lo **tiene** él; que si lo **necesitas**, que **lo llames** y **él viene** luego a **traértelo**".

■ CUADERNO DE EJERCICIOS

Ejercicio 4: transmitir en forma de nota escrita un mensaje telefónico.
Ejercicio 5: reconstruir por escrito las palabras originales de alguien a partir de una transmisión de las mismas en estilo indirecto.

■ OBJETIVOS

Proporcionar una posibilidad lúdica de repaso de lo visto hasta ahora (transmisión de preguntas y peticiones).

■ PROCEDIMIENTO

Se pueden repartir dos papelitos pequeños a cada alumno o pedir que los dispongan ellos, marcándolos sucesivamente con un 1 y un 2 (primer y segundo turno del diálogo). La primera opción, tenerlos ya preparados, facilita la mezcla y distribución posterior, porque pueden ser de tamaño homogéneo.
Es importante pedir a los estudiantes que lo que escriban sea una pregunta o una petición, por ser éstas las instancias que presentan más dificultad.
Sería conveniente recoger por separado los papeles 1 y 2, para repartir luego entre los alumnos uno de cada. Por orden, cada estudiante transmite lo que dice cada papel (**Aquí dice que...**), y el resto atiende para ver si alguno de los que tiene puede ser la respuesta o la pregunta adecuada, comunicándolo si así lo cree al resto de la clase (**Pues éste dice que...**).

Si todos consideran que se ha reconstruido un diálogo verosímil, se retiran los dos papelitos y se sigue con los demás.

■ IDEAS ALTERNATIVAS

Para un mayor interés en el juego, se puede ir eliminando la gente que se queda sin papeles, declarando perdedor o perdedores al poseedor de los últimos. De hacerlo así, deberá sortearse quién empieza (para no favorecer a nadie) y tendrá el turno siguiente el dueño del papelitó que "case" con el referido en primer lugar, y así consecutivamente.
Otra posibilidad es provocar diálogos disparatados. Cada estudiante cuenta al resto de la clase lo que dicen los papeles que le han tocado en suerte, como si fuera una conversación real. Se puede acabar votando la conversación más sugerente, disparatada o surrealista.

Los tiempos cambian

No es más que un juego de palabras que combina la referencia a los cambios en las costumbres o la vida en general a través del tiempo con el tema de la actividad: los cambios de tiempo verbal en el discurso referido.

■ OBJETIVOS

Recoger los conocimientos y la conciencia adquirida por los alumnos sobre el cambio de tiempos verbales en el discurso referido (página 112). Fijar las reglas básicas de correspondencia y su lógica sistemática (página 113). Fijar especialmente el uso del Imperfecto de Subjuntivo como resumen de peticiones no vigentes (página 114 arriba). Reflexionar sobre los factores pragmáticos que dominan la decisión de cambiar o no el tiempo verbal (página 114 abajo).

■ PROCEDIMIENTO

Página 112. Es enormemente importante que el alumno tenga clara la diferencia entre las tres situaciones de comunicación presentadas, pues sólo ésta justifica el diferente tratamiento de los tiempos verbales: conversación original ("En el descanso"); transmisión inmediata de esa conversación por una tercera persona ("Al final del descanso"); transmisión de la misma conversación cuando ha pasado demasiado tiempo como para que las circunstancias enunciadas originalmente puedan considerarse válidas ("Al final del curso"). Asimismo, es importante hacer notar que los huecos donde colocar los verbos en la forma adecuada corresponden, en estricto orden, a los marcados en negrita en la columna central.
Conviene evitar que el alumno sienta el ejercicio como un examen de gramática, poniendo el énfasis en la capacidad referencial de los tiempos que decidan utilizar, es decir, en la comprensión. Puede hacer completar la primera columna primero, sin explicaciones previas sobre los cambios que deberían practicarse, para después comprobar en una rápida corrección que la clase ha entendido, especialmente el caso de la recomendación final ("que le recomiende" -> "recomiéndame"). Pase después a la tercera columna, donde se plantea lo nuevo en la unidad: los cambios de tiempo verbal para remitir las palabras al pasado. Cuando los alumnos hayan terminado, puede corregir el texto con toda la clase.

Página 113. El esquema temporal de los dibujos pretende mostrar, de forma gráfica, la lógica de estos cambios (referir las palabras como pertenecientes a un tiempo anterior con respecto al de la enunciación); después de trabajarlo con los alumnos, puede invitarlos a completar ellos mismos el cuadro gramatical que les servirá de referencia para el resto de la unidad. En este ejercicio puede explotar la lógica de los cambios o bien, simplemente, pedirles a los estudiantes que lo completen a partir del texto de la tercera columna (el orden de los tiempos es exactamente el mismo).

Página 114 arriba. Puede utilizar este contexto realista para hacer entender el sentido de la utilización del Imperfecto de Subjuntivo en la transmisión de peticiones, frente al Presente de Subjuntivo (pasado vs. vigente).

Página 114 abajo. Trate de que los alumnos fijen su atención en la situación de comunicación que materializan los dibujos, así como en la probable intención de los hablantes en cada caso.

■ SOLUCIONES

Página 112:

Primera columna: no deberá practicarse más cambio que, eventualmente, el de la persona del verbo, con la excepción de la recomendación final ("le ha pedido que le recomiende..."), cuyo Subjuntivo transmite una petición ("recomiéndame").

Tercera columna: había entendido, estaba, hablaba, había comprado, compró, había conseguido, había empeorado, estudiaría, hablaría, debería, fuera, hubiera conseguido, existieran, habría puesto, había, recomendara, fuera.

Página 113:

Presente/Imperfecto —> Imperfecto
Indefinido/Perfecto/Pluscuamperfecto —> Pluscuamperfecto
Futuro/Condicional —> Condicional
Futuro Compuesto / Condicional Compuesto —> Condicional Compuesto
Presente/Imperfecto (Subjuntivo) —> Imperfecto (de Subjuntivo)
Perfecto/ Pluscuamperfecto (Subjuntivo) —> Pluscuamperfecto (de Subjuntivo)
Imperativo —> (Presente de Subjuntivo) —> Imperfecto de Subjuntivo

Página 114 abajo: (De izquierda a derecha y de arriba abajo)

Viñeta 1: El cambio es obligatorio, puesto que la fiesta ha terminado.

Viñeta 2: Ante la dificultad de que Lola vaya a la fiesta (se ha roto una pierna), la mujer cambia el tiempo para evitar un compromiso difícil con el hecho.

Viñeta 3: Con el mantenimiento del tiempo, el chico de la gorra transmite la seguridad de que Lola irá, para evitar que su amigo la llame inútilmente.

Viñeta 4: Ante la petición de que lo confirme con seguridad, el hombre de la derecha cambia el tiempo para marcar que son palabras de Lola, desvinculándose por tanto de la certeza absoluta de esas palabras.

Viñeta 5: A pesar de estar completamente seguro de que irá, el hombre cambia el tiempo verbal por la simple presión del contexto (se remite a un momento del pasado para contar lo que hizo y lo que dijo). Esta es la razón de que sea poco habitual remitir el momento de la enunciación original a un pasado desconectado del presente (Indefinido) manteniendo la vigencia de lo dicho (dijo que va a venir). En estos casos usaríamos preferiblemente el Perfecto para marcar esa relación con el presente (ha dicho que va a venir).

■ **CUADERNO DE EJERCICIOS**

Ejercicio 6: completar un cuadro decidiendo el cambio de tiempos verbales (ejemplos, en el mismo orden, del cuadro de correspondencias del *Libro del Alumno*, pág. 113).

Ejercicio 9: redactar un pequeño texto utilizando la experiencia personal (verbos para transmitir peticiones en contexto pasado).

Ejercicio 10: lo mismo, referido al presente.

¡Qué solicitado estás!

■ **OBJETIVOS**

Práctica de transmisión de mensajes atendiendo a todos los cambios necesarios estudiados hasta ahora, y especialmente a la necesidad de marcar la vigencia o no vigencia del mensaje.

■ **PROCEDIMIENTO**

De nuevo se hace imprescindible hacer comprender al alumno claramente la situación de comunicación. Los días a los que pertenecen los mensajes son diferentes, así como las referencias temporales de cada uno, con lo que siempre se dará la posibilidad de que algunos mensajes tengan vigencia y otros no. Hay que hacer hincapié en esta circunstancia y en las consecuencias que tiene sobre el cambio de los tiempos verbales. En todo caso, y en aras del realismo, el procedimiento podría ser así:

1. Los alumnos escuchan los mensajes y toman nota de la información importante, de aquello que merece la pena ser transmitido a su compañero.

2. Comprobar con toda la clase el grado de comprensión alcanzado y, si es necesario, pase la cinta una segunda vez.

3. Con la ayuda de las transcripciones de la página 115, todos pueden ahora comprobar si han entendido bien y corregir aquellas informaciones que no fueran exactas. Puede ser una buena idea subrayar en los textos las informaciones relevantes.

4. Por último, y preferiblemente en parejas, redactar el fax que enviarían a su amigo, haciendo hincapié de nuevo en el realismo (su objetivo es transmitir a su amigo una información que necesita, no hacer un examen). Cada pareja puede finalmente leer a todos su fax para comprobar si todo está bien transmitido. Las frases podrían ser como éstas: "Rafa (dice) que tiene una fiesta, que vayas y que lleves bebida. Andrés que tenía las entradas del concierto y que si no ibas que lo llamaras...".

Nueva versión del descubrimiento de América

■ **OBJETIVOS**

Práctica controlada de cambios de tiempo verbal, en las dos direcciones: contar palabras en estilo indirecto y reconstruir las palabras originales a partir del estilo indirecto. Introducción de otros verbos para transmitir palabras (**preguntar, ordenar, replicar, añadir, indicar, advertir, murmurar, gritar**).

■ PROCEDIMIENTO

Si el ejercicio es dificultoso para sus alumnos, puede ser tranquilizador para ellos trabajar en parejas, sumando así conocimientos.

■ SOLUCIONES

Como es lógico, la solución depende de la libertad con que se reconstruyan los mensajes. Atentos a una reconstrucción literal, las soluciones pueden ser éstas:

1. Colón le dijo a la reina que estaba seguro de que la Tierra era redonda, y ella le preguntó (que) si podría demostrarlo.

2. Colón: "¡Izad la vela!"
Marinero: "¡(Pero si) no sopla el viento, (señor)!"

3. Un marinero: "Si Colón fuera más inteligente, daría la vuelta antes de que se terminara el agua"
Otro: "(Pero es que,) además, nos ha mentido / mintió".
Otro: "¡Tierra (a la vista)!"

4. Colón les indicó que iban a inspeccionar la isla y les advirtió que tuvieran cuidado. Entonces el marinero Pinzón preguntó (que) qué harían si hubiera indígenas.

5. Los marineros: "Colón nos había prometido / ha prometido / prometió una tierra nueva y maravillosa y, sin embargo, nos ha traído a que nos devoren las fieras".

6. El director gritó que cortaran y los marineros preguntaron que qué pasaba, (que a qué señal se refería).

■ CUADERNO DE EJERCICIOS

Ejercicio 8: fotonovela con bocadillos en blanco para completar inventando los diálogos y contar después en estilo indirecto.

Frases célebres

■ OBJETIVOS

Propiciar el uso realista del estilo indirecto en un contexto lúdico, utilizando información propia y con libertad de elección sobre lo que se dice. Hacer surgir el problema de los contextos de transmisión de enunciados (**dijo - dice**).

■ PROCEDIMIENTO

Hay que dejar claro que de lo que se trata es de contar en estilo indirecto. En la corrección con toda la clase, preste atención a los posibles errores derivados de la presencia de algunas preguntas que sitúan el marco de enunciación en lo habitual y, por tanto, no admiten cambiar los tiempos (errores como *"Popeye les aconseja que tomaran verduras").

■ SOLUCIONES

Pueden ser muy variadas en la forma, pero aquí ofrecemos una posible idea.

1. Que la tocara otra vez.
2. Que quién era la mujer más guapa del reino.
3. Que mordiera la manzana.
4. Que tenía que volver antes de las 12.
5. Que juraba por Dios que nunca volvería a pasar hambre.

6. Que le abra.
7. Que coman muchas espinacas.
8. Que quería telefonear a su casa.
9. Que qué orejas/ojos/dientes/etc. más grandes tenía.
10. Que podía pedirle tres deseos.
11. Que sentía lástima por Yorik y que lo había conocido muy bien.

■ CUADERNO DE EJERCICIOS

Ejercicio 14: transmisión controlada de enunciados con verbos introductorios en pasado y presente (necesidad de cambiar o no el tiempo verbal).

Total, que...

Total es una partícula conversacional mediante la cual el hablante anuncia que va a proceder a un resumen conclusivo de la historia que está contando o sus consecuencias.

■ OBJETIVOS

Manejo receptivo y productivo de verbos que resumen conversaciones o transmiten la actitud de los hablantes de la conversación original.

■ PROCEDIMIENTO

Página 118. Utilice en primer lugar la conversación que se ofrece como ejemplo para hacer ver a sus estudiantes el valor de estos verbos en la transmisión ordinaria de palabras. Conviene asegurarse después de que los alumnos conocen el significado básico de los verbos y locuciones presentadas. La diferencia entre "pedir" y "preguntar" merece una especial atención.

Página 119. Puede facilitar el ejercicio hacer que los alumnos identifiquen primero todo aquello que la conversación original debería reflejar (pedir disculpas, enfadarse muchísimo, intentar contar, etc.) El trabajo cooperativo (parejas) parece recomendable, dado lo abierto del ejercicio.

Página 120. Como en toda la actividad, el alumno debe ser consciente de que se trata de transmitir actitudes, más que información. Una lectura cuidadosa de los diálogos es imprescindible. A la hora de la corrección puede hacer que los estudiantes justifiquen los verbos utilizados identificando exactamente con qué palabras los personajes hacen lo que el verbo transmite.

■ IDEAS ALTERNATIVAS

Si obligar a hacer los dos es un poco pesado y largo, puede dividir a la clase en dos y que cada alumno o pareja se ocupe de resumir sólo uno. Después cada parte de la clase puede discutir la calidad del resumen de la otra.

■ CUADERNO DE EJERCICIOS

Ejercicio 7
Ejercicio 12: resumir enunciados eligiendo entre un número de verbos.
Ejercicio 13: reconstruir una conversación a partir de un resumen de la misma.

Adivina quién lo dijo

■ OBJETIVOS

Poner en contacto con un texto oral en que se utiliza el estilo indirecto controladamente. Animar a transmitir conversaciones extraídas de la propia experiencia del alumno con libertad de formulación.

■ PROCEDIMIENTO

Puede dejar que los alumnos descubran en qué consiste el concurso haciéndoles escuchar la presentación que el locutor hace. Compruebe que todos han entendido y deje correr la primera tanda de cosas que dijeron los personajes (completa, si resulta fácil, o deteniéndose después de cada personaje). Después, detenga la cinta y deje un tiempo para que cada pareja contraste ideas y pistas. Por último, ponga el resto hasta el final (segunda tanda) para que aquellos que no han podido adivinar alguno, puedan hacerlo ahora o simplemente para comprobar que los personajes elegidos eran los correctos.
Promueva después que los alumnos emulen el concurso con personajes propios.

■ SOLUCIONES

Personaje 1: La Reina Sofía
Personaje 2: Antonio Banderas
Personaje 3: Plácido Domingo

TRANSCRIPCIÓN

LOCUTOR: Hola amigos, buenas tardes. Sintonizas tu emisora amiga Radiovox, acompañándote, como siempre, de siete a ocho de la tarde en el programa «Personajes».Hoy sorteamos dos entradas para el concierto del sábado.
¿Que no te has enterado? Sí, hombre, sí: el próximo sábado, en el Palacio de Deportes, gran actuación de «Los sumisos» a las diez de la noche. Puede salirte gratis si te das prisa en enviarnos el cupón que encontrarás en todos los productos de la marca «Abanico».¡Participa en nuestro concurso, sorteamos un montón de entradas! ¿Qué cómo? Escucha con atención: sólo tienes que decirnos qué tres famosísimos personajes fueron entrevistados por nuestro compañero Paco Carrascal, que hoy nos acompaña en nuestro estudio. ¿Qué tal, Paco? Tú has entrevistado a muchos personajes famosos, ¿no es cierto?

PACO: Pues sí, la verdad.

LOCUTOR: ¿Por qué no nos hablas de alguno para que nuestros oyentes puedan identificarlo? Pero... Pero ya sabes lo que tienes que hacer, ¿no?

PACO: Sí, sí, sí. A ver... No puedo decir el nombre, sólo lo que me dijo en la entrevista. Está bien, ahí va el primero.
Yo la entrevisté el año pasado en Palma de Mallorca y me dijo que le encantaba pasar las vacaciones allí con su familia. Me contó que recibirían pronto la visita de la familia real inglesa, y que mantenían con ella buenas relaciones.
Le comenté que los españoles valoraban mucho el papel de su marido en la Transición Política y en las situaciones de Estado más difíciles y ella me dijo que sí, que lo sabía, sobre todo a partir de lo del Golpe de Estado del 23-F.

LOCUTOR: Vale, vale. Esto para el primer personaje. Ahora para el segundo.

PACO: Al segundo personaje le pregunté cómo le iba en Hollywood y me dijo que había sido una decisión difícil pero importante y reconoció que al final le llovieron los éxitos, sobre todo con la película del vampiro.
Hablando sobre los directores con los que había trabajado, me dijo que Almodóvar era el director español con el que mejor se llevaba.
A propósito de su físico, me dijo que no creía que fuera un "latin lover" pero reconoció que su atractivo físico le había abierto muchas puertas en el cine.

LOCUTOR: Bien, bien. ¿Y el tercero?

PACO: Pues... este señor, hablando sobre sus personajes favoritos, me dijo que Otelo era uno de los que más le gustaba interpretar.
En otra ocasión, después de una actuación en la que había tenido problemas con su voz, le pregunté si hacía algo especial para cuidarse la voz y me dijo que sólo le ayudaba el descanso, pero que a veces era difícil con una temporada como aquella, tan llena de galas.
Le pregunté también si cantaba en la ducha y me dijo que a veces, aunque procuraba no hacerlo para que los vecinos no protestaran y, claro, para cuidarse la garganta.

LOCUTOR: Bueno, muy bien. Seguro que nuestros oyentes ya tienen sus respuestas. Si no es así, tranquilos, continuad en nuestra onda porque os vamos a dar una pista más. Paco, ¿puedes contarnos algo más que dijeran? Atención amigos, si ya no los adivináis...

PACO: ¿Del primer personaje? Pues... supongo que ya sabrán los oyentes que es una señora muy importante, ¿no?... [Como pensando] ¡Ah, sí! En cierta ocasión le pregunté por su responsabilidad en la formación del Príncipe heredero y me contestó que se sentía muy orgullosa de la educación que había recibido su hijo.

LOCUTOR: Vale. ¿Del segundo?

PACO: A ver, a ver... Un juego de palabras. Cuando le pregunté si llevaba la bandera española con él, en sentido figurado, me respondió que se consideraba más un ciudadano del mundo, que llevaba todas las banderas en su apellido.

LOCUTOR: ¡Qué fácil! Ahora del tercero.

PACO: Del tercero... podría añadir que decía que no le importaba que la gente hiciera bromas con su nombre y él mismo, con su habitual sentido del humor, hizo una broma diciendo que hacía tiempo que no disfrutaba de un domingo plácido.

LOCUTOR: Bien. Gracias, Paco. Ha sido un placer tenerte con nosotros. Ya está muy claro, ¿no? Seguro que sabéis el nombre de nuestros personajes. Bueno, amigos, esperamos vuestras cartas. ¡Daos prisa!

■ CUADERNO DE EJERCICIOS

Ejercicio 11: contar libremente conversaciones de la experiencia propia del alumno.

11. Un poco de literatura

■ OBJETIVOS

Comprender y comentar un texto literario. Activar las estructuras de transmisión de mensajes estudiadas en la unidad.

■ PROCEDIMIENTO

Proceda a una lectura comprensiva del texto resolviendo los problemas que la dificulten (aclaración de vocabulario, estructuras, referentes, etc.).
Antes de leer el final de la historia, se propone a los alumnos que sugieran ellos un posible final. Esta pausa reflexiva tiene como objetivo generar en ellos expectativas sobre el final real, incluido a continuación.
En la 2ª parte se intenta verificar la comprensión, no tanto ya del texto en sí como del mensaje, esto es: se propone que discutan sobre la moraleja.
La 3ª parte propone un ejercicio de escritura para conectar lo estudiado en la unidad con un nuevo contexto.

■ SOLUCIONES

La moraleja de la historia se podría ilustrar con dichos del tipo "Nunca llueve a gusto de todos" o "Hay gustos como colores": dejarse llevar por lo que dice la gente, lejos de ayudar, confunde y resta el protagonismo que cada uno tiene que tener sobre sus propios actos. Hay, además, una crítica clara a la sociedad que nos rodea, basada en esa idea que autoriza esa otra sentencia que dice "Piensa mal y acertarás": la gente siempre encontrará cosas que criticar en todo lo que hagas, de modo que lo mejor es actuar según lo que a uno mismo le parezca más conveniente. O mejor, en palabras del propio Patronio, consejero del conde y relator de las historias: "E de que estas cosas guardáredes en lo que oviéredes de fazer e lo falláredes que es bien e vuestra pro, conséjovos yo que nunca lo dexedes de fazer por reçelo de lo que las gentes podrían dello dezir".

■ REFERENTES CULTURALES

El texto es una adaptación libre de la colección de cuentos de Don Juan Manuel (1282-1348) titulada *El conde Lucanor*, que se inserta en la tradición de los "ejemplarios" medievales, un corpus de literatura oral de carácter didáctico y moralizante. El "enxiemplo" concreto que nos ocupa (*De lo que conteşció a un omne bueno con su fijo*) tiene su origen en una fábula de Esopo que tuvo muy abundantes versiones y derivaciones tanto medievales como modernas en la literatura europea. Don Juan Manuel, dueño de inmensos dominios, cortesano, político, pero sobre todo hombre de acción, era además un noble de gran prestigio, poder y linaje (nieto de Fernando III el Santo, sobrino de Alfonso X el Sabio e hijo del Infante don Manuel).

8

LAS COSAS DEL QUERER

¿De dónde venimos? ¿Adónde vamos?

Nombre: ....

Apellido: ....

Fecha: ....

Curso: ....

UNO. José Luis tiene un problema que le preocupa mucho: está muy delgado y quiere engordar, pero no lo consigue. ¿Por qué no le das algún consejo para ganar peso?

DOS. ¿Con qué verbos (que no sea **gustar**) interpretarías los gustos, sentimientos y estados de ánimo de Javier?

› las películas musicales.

› limpiar la casa.

› matar animales.

TRES. Estás buscando casa. Escribe una breve nota a una agencia explicando cómo es el lugar que necesitas.

CUATRO. Busca un contexto donde se puedan usar las siguientes palabras:

› En cambio:

› Gracias a:

› Aun así:

› Por culpa de:

LAS COSAS DEL QUERER

Es el título de una copla española que dio título también a dos películas musicales realizadas en 1989 y 1995 (1ª y 2ª parte) por Jaime Chávarri, cuyo tema es el amor y todos los sentimientos relacionados con él: celos, pasión, deseo, placer, sufrimiento...

■ OBJETIVOS

Ofrecer al estudiante los recursos para dar consejos y para expresar gustos, sentimientos y estados de ánimo a través de textos como los consultorios sentimentales, los anuncios y cartas de contacto.

■ CONTENIDOS FORMALES

Recursos para formular consejos. Expresión de la voluntad con Subjuntivo y correlaciones temporales. Relativas con Indicativo y Subjuntivo, usos contrastivos. Conectores discursivos de causa y oposición.

En los recursos para aconsejar se recogen, además de la formulación explícita, que implica el uso del Subjuntivo (**te aconsejo/recomiendo que** + *Subjuntivo*), otros recursos empleados para sugerir, expresar posibilidad, obligación o valoración y ponerse en lugar del otro con sus respectivas estructuras.

En los recursos para expresar gustos, sentimientos y estados de ánimo se insiste en el uso del Subjuntivo en las tradicionalmente llamadas "oraciones subordinadas con función de sustantivo" (**me fastidia/odio que** + *Subjuntivo*).

Las oraciones relativas con Subjuntivo se incluyen en la expresión de deseos en el marco de una agencia matrimonial (**me gustaría encontrar a alguien que** + *Subjuntivo*).

Por lo que respecta al léxico, se ofrece vocabulario referido a las relaciones personales, a los sentimientos y estados de ánimo y, a partir de la audición, se abre la posibilidad de tratar los insultos y su grado de vulgaridad.

■ DEBATE

Por una parte se puede enfocar hacia temas generales, a los que dan pie los contextos que se ofrecen en la unidad: los consultorios sentimentales, los anuncios de contacto y las agencias matrimoniales; temas que pueden suscitar opiniones más o menos controvertidas si se cuestiona su eficacia o su validez para resolver problemas de tipo sentimental y conseguir entablar una relación duradera e incluso si se tratan aspectos como su consideración social y su proliferación en las sociedades desarrolladas.

Por otra parte, a partir de experiencias u opiniones más personales, sería posible introducir temas como el valor de la fidelidad en las relaciones amorosas, moral y sexualidad e incluso el amor en sí mismo como un concepto variable en las distintas culturas y épocas. Se debe recordar que cuando se habla de relaciones también hay que hablar de relaciones hombre-hombre, mujer-mujer, jóvenes-mayores, etc.

Consultorio

■ OBJETIVOS

Lectura comprensiva de una serie de problemas en un consultorio sentimental para presentar el tema que da cohesión a la unidad -los problemas personales, predominantemente sentimentales- e introducir las formas más apropiadas para dar consejos, de manera que se pretende activar la competencia comunicativa del alumno antes de ofrecerle un cuadro de formas.

■ **PROCEDIMIENTO**

Página 124. Los alumnos leen y después buscan posible título para cada problema semejante al que se le ofrece como modelo. Lo más probable es que para ello tengan que hacer una lectura más detenida de cada uno de ellos y, si se opta porque lo hagan por parejas, deberá discutir su propuesta con su compañero, contrastarla y decidir la más adecuada o convincente. A continuación, siempre antes de leer las soluciones dadas en la página siguiente, conviene pedir a los estudiantes que hagan de "consejeros sentimentales" y que cada uno ofrezca al resto de la clase una o varias soluciones para el problema que elija.

Página 125. Después de la lectura de los consejos que se ofrecen, se comparan éstos con los que se han escuchado en clase, comprobando o discutiendo, si la clase se presta a ello, su grado de sentido común antes de pasar a la búsqueda de las formas mediante las cuales se introducen los consejos en los textos.

■ **SOLUCIONES**

Consejo 1: tienes que tener claro... (obligación); Empieza a tomar... (imperativo); ¿Por qué no... (sugerencia); Puedes empezar... (posibilidad); sería buena idea... (valoración); debes tener... (obligación).

Consejo 2: tienes que ver... (obligación); yo en tu lugar, seguiría... y quitaría importancia... (ponerse en el lugar del otro).

Consejo 3: os diría... (ponerse en el lugar del otro); os aconsejo que paséis... (formulación explícita); podríais también buscar... (posibilidad).

Consejo 4: Lo mejor es que habléis... (valoración); os recomiendo que antes establezcáis... (formulación explícita); deberíais... (obligación); pensad que... (imperativo).

■ **OBJETIVOS**

Presentación y práctica de las formas empleadas para introducir un consejo o recomendación, clasificadas según la función comunicativa a la que van asociadas por su significado más general.

■ **PROCEDIMIENTO**

Página 126. Conviene comenzar por identificar las formas localizadas en el texto anterior con las que se presentan en el cuadro y llamar la atención sobre el valor que la intención concede a nuestros mensajes, de manera que las fórmulas explícitas del consejo son sólo una de las muchas que se pueden emplear para aconsejar. Puede ser útil, asimismo, hacer ver al estudiante que en el cuadro dispone de un intento de sistematización de fórmulas en su gran mayoría conocidas para él, por lo que sólo sería necesario insistir en las que se reconocieran como nuevas y recordar los casos que implican el uso del Subjuntivo, sea en Presente o en Imperfecto.

Otra vía posible de reflexión formal la abre la viñeta, cuyo humor surge del empleo de una fórmula pragmáticamente inadecuada a la situación.No está de más llamar la atención sobre el uso del Condicional para suavizar ciertas afirmaciones y que los enunciados no parezcan demasiado bruscos, dándole un matiz de mayor distanciamiento y respeto hacia el interlocutor.

Página 127 arriba. La práctica de las fórmulas que se propone es bastante abierta: el procedimiento que se puede seguir para escribir consejos a un compañero puede ser muy diferente pero funciona bien uno a uno, es decir: cada persona (incluido -por qué no- el profesor, si le apetece implicarse hasta ese punto en la dinámica de la clase) escribe su problema, verdadero o falso, y después de intercambiar los papeles, se ve obligada a aconsejar a uno de sus compañeros empleando cualquiera de las fórmulas del cuadro que, tal como pudo comprobar en los textos anteriores, se usan indistintamente en una misma recomendación dependiendo únicamente del grado de fuerza que se le quiera dar a ésta y la confianza o distancia hacia el interlocutor.
Se puede pedir la lectura de los consejos recibidos bajo el pretexto de pedir al resto de la clase que haga suposiciones o hipótesis acerca de qué problema se trata y su valoración del consejo. Este procedimiento permite al profesor comprobar de manera bastante inmediata su grado de corrección formal y adecuación pragmática.

■ OBJETIVOS

Práctica lúdica de las formas para dar consejos anteriormente presentadas.

■ PROCEDIMIENTO

Se trata de averiguar el problema o la situación embarazosa en la que alguien piensa. Para ello hay que ofrecerle consejos, que serán rechazados con mayor o menor decisión o entusiasmo hasta que el "aconsejado" escuche el más adecuado para solucionar lo que le ocurre.
Conviene analizar el ejemplo antes de empezar el juego pues en él se puede ver cómo puede responder la persona en cuestión orientando a sus compañeros para no hacer el juego difícil o tedioso.

■ CUADERNO DE EJERCICIOS

Ejercicio 1: completar frases de consejo con el verbo subordinado en la forma adecuada del Subjuntivo, para completar, después, un esquema de correlaciones temporales.
Ejercicio 2: formular breves consejos a ocho problemas.
Ejercicio 3: deducir y redactar problemas a partir de los consejos recibidos.
Ejercicio 4: dar un consejo argumentándolo a un amigo en respuesta a su carta.

■ OBJETIVOS

Fijar e introducir vocabulario relacionado con las relaciones personales.

■ PROCEDIMIENTO

El intento de clasificación previa a cualquier aclaración puede sentar la base para hablar del desplazamiento de significado de algunos términos al emplearse en el contexto de las relaciones íntimas, amorosas o sexuales. Es es caso de **compañero/a, amigo/a** o **historia**.
Es asimismo muy importante que el profesor marque el registro al que pertenece cada palabra, condicionando sus posibilidades de uso.

■ SOLUCIONES

De acuerdo con lo anterior, la clasificación no es totalmente cerrada. Algunos términos resultan intencionadamente ambiguos y es el contexto el que aclara la intención del hablante. Es la razón de que se repitan en dos de las categorías.

✓ *Amistad:* **compañero, colega** (ambos del ámbito laboral, el segundo es muy usado entre jóvenes amigos que se identifican entre sí como pertenecientes a un grupo unido por una misma afición o forma de divertirse); **amigo/a; pana** (anglicismo de "partner", es del ámbito hispanoamericano).

✓ *Relaciones de amor:* **media naranja** 'pareja' en sentido afectivo, **pareja** (ambos también aplicables a una relación conyugal o estable); **ligue, rollo** (**enrollarse**), referidos a una relación pasajera y superficial; **novio/a; chico/a; historia; compañero/a** (puede entenderse como una relación estable no necesariamente conyugal).

✓ *Matrimonio:* **mi señora, mi mujer** (ambas con el posesivo para mostrar el uso que inequívocamente las asocia a la relación conyugal); **marido** (conviene llamar la atención sobre la inexistencia de *marida); **cónyuge; parienta** (popular, casi vulgar).

✓ *Relaciones extraconyugales:* **aventura; cana al aire; querido/a; amante; amigo/a** (usado muchas veces como eufemismo de 'amante').

■ CUADERNO DE EJERCICIOS

Ejercicio 5: pasatiempo con letras desordenadas que recoge parte del vocabulario introducido.

■ OBJETIVOS

Poner en contacto al alumno con la expresión oral de gustos, sentimientos y estados de ánimo.

■ PROCEDIMIENTO

La comprensión auditiva se comprueba mediante la asociación de los dibujos a las palabras dichas por cada uno de los personajes y mediante la respuesta a una serie de preguntas planteadas a continuación. A partir de la audición se abre la posibilidad de un breve debate sobre la parcialidad de las razones de Rosana y Jesús por medio de la pregunta "¿Crees que alguno de los dos tiene más razón que el otro?". La siguiente pregunta introduce una posibilidad más: la de tratar los insultos y su grado de vulgaridad a partir de los conocidos por los alumnos.

TRANSCRIPCIÓN

ELENA: Buenas noches querido oyente. ¿Te sientes solo, te sientes perdida...? "La onda de Cupido" te acompaña una noche más en tu emisora amiga para escuchar tu corazón y ofrecerte consuelo. No lo dudes, llámame al 3217269, prefijo 91 si llamas desde fuera de Madrid. Buenas noches.

ROSANA: Hola, buenas noches.

ELENA: ¿Quieres decirnos tu nombre?

ROSANA: Mmm... sí, me llamo Rosana.

ELENA: ¿Desde dónde nos llamas Rosana?

ROSANA: Desde aquí, desde Madrid.

ELENA:	Bueno Rosana, cuéntanos tu problema.
ROSANA:	Pues, bueno... estoy un poco nerviosa ¿sabes? Pero es que últimamente estoy muy preocupada y, bueno, me gusta mucho tu programa porque tus consejos son estupendos...
ELENA:	Gracias, Rosana. A ver, a ver, no tengas miedo de decirnos lo que te pasa. Seguro que contándolo te sientes más tranquila, y quizá mucha gente esté en tu misma situación.
ROSANA:	Sí, es probable. Bueno, verás, resulta que llevo un tiempo pensando que mi matrimonio es un fracaso. No sé qué nos ha pasado pero no nos soportamos, mi marido me parece cada día más inaguantable y creo que a él le está pasando lo mismo. El caso es que nos peleamos muy a menudo y siempre por tonterías, pero es como si fuera inevitable...
ELENA:	¿Habéis hablado tranquilamente alguna vez? ¿Has probado a decirle a él lo que me estás diciendo ahora a mí?
ROSANA:	Es que... no sé. Empezamos a veces... Bueno, al menos yo lo intento, pero él... parece que no me escucha. Sólo le interesa el fútbol, se pasa horas delante de la televisión viendo los partidos... y a mí eso termina poniéndome histérica.
ELENA:	Claro, y entonces nunca habéis hablado... Quizá no elegiste el mejor momento, mujer.
ROSANA:	También lo he intentado en la cama, pero él se acuesta y se queda como un tronco, y encima, ¡ronca!
ELENA:	Oye, Rosana, ¿tu marido está ahora en casa?
ROSANA:	Sí, supongo. Esta noche había un partido en la tele. Yo te estoy llamando desde casa de una amiga... Es que anoche no aguantaba más y decidí marcharme de casa, a ver si él reaccionaba...
ELENA:	Oye, ¿qué te parece si lo llamamos y os ponemos en contacto a través de la radio? Quizá así él se dará cuenta de que a ti te importa salvar vuestra relación...
ROSANA:	No sé... ¿tú crees que por teléfono...?
ELENA:	Espera, no cuelgues. Voy a intentarlo por la línea interna. Si él acepta hablar contigo, además de intentar solucionar vuestro problema, a lo mejor ayudáis a otras personas que están en vuestra misma situación. ¿Te parece?
ROSANA:	Bueno, vale. No tenemos nada que perder, ¿no?
ELENA:	¡Hola Jesús! Estamos en el aire. Rosana está en el otro teléfono. Te la paso enseguida, ¿vale?, creo que tenéis algo que deciros.
JESÚS:	¿Rosana?
JESÚS:	Oye, Rosana, ¿no crees que deberíamos arreglar nuestros asuntos en privado?
ROSANA:	Ojalá hubiéramos podido resolverlos antes en privado, pero contigo es imposible. ¡La de veces que lo intentado! y tú, ni caso...
JESÚS:	¿Te estás haciendo la víctima?
ROSANA:	Ni víctima ni nada, pero reconoce que no me has escuchado y... claro..., una se harta, ¿sabes?
JESÚS:	¡Que estás harta?, ¿de qué?
ROSANA:	¡Cómo que "de qué"? Te parece poco tu última costumbre de ver partidos de fútbol a todas horas?
JESÚS:	Bueno, no quiero discutir... Siempre hemos tenido gustos diferentes... A ti te gustan los perros y a mí los gatos.
ROSANA:	Eso no es importante. No tenemos ni gatos ni perros en casa y ya está. No pasa nada.
JESÚS:	Claro, tampoco pasa nada por no tener niños, ¿verdad? Como tú no quieres tener hijos...
ROSANA:	Oye, Jesús, eso ya lo hablamos hace muchos años y creo que lo dejamos claro.
JESÚS:	Claro, claro. Tú lo tienes todo muy claro.
ROSANA:	Sí, Jesús, estoy aquí.ROSANA:No, todo no, pero eso sí. Con lo poco que me ayudas, si tuviéramos niños sería una esclava de la casa. Me paso media vida en la cocina y tú ni siquiera me lo agradeces.

JESÚS: ¿Y por eso te fuiste de casa anoche? ¡Venga ya! ¡No digas tonterías! Seguro que estuviste por ahí con tus amigas ¿verdad?, bailando con cualquiera en los pubs de salsa...

ROSANA: Oye, me estás insultando y estás insultando a mis amigas que no te han hecho nada. Yo no estuve bailando, pero ahora me gustaría decir que sí para que te des cuenta de que a mí también me molesta que salgas por la noche y no me digas dónde vas.

JESÚS: Para una vez que llego un poco tarde a casa... Ya te dije que estaba celebrando el ascenso de Manolo.

ROSANA: Eres un machista, como todos los hombres. Merecerías que te pusiera los cuernos...

JESÚS: ¿Qué? ¡Te estás pasando ¿no?! ¡Esto ya no lo aguanto!

ROSANA: ¡Pues yo a quien no soporto es a ti! ¡No creas que esto se va a quedar así! Hay que ser estúpido para perder la oportunidad que teníamos de reconciliarnos... eres un...

ELENA: Bueno, bueno... No siempre están las estrellas favorables para las reconciliaciones. Seguro que no les durará mucho el enfado...

■ OBJETIVOS

Tratar los recursos para expresar sentimientos o estados de ánimo.

■ PROCEDIMIENTO

Página 129. Las preguntas acerca de las agencias matrimoniales permiten a los alumnos entrar en situación y crear el marco imaginario en que tiene sentido esta ficha. Quizás sea necesaria la aclaración de términos como **manías,** que pueden ejemplificar los propios estudiantes utilizando los recursos de que dispongan (**no me gusta(n)..., odio..., me molesta(n)...**).

Para recordar las distintas estructuras de las frases construidas con verbos como estos se articula toda una secuencia de ejercicios:

Página 130 arriba. Se presentan las formas en un esquema de uso en el que se dividen horizontalmente las dos estructuras que se usan para expresar lo mismo. Conviene llamar la atención sobre algunos aspectos del cuadro como:

✓ las concordancias sujeto - verbo: **yo <—-> odio, los gatos <—-> me fastidian.**

✓ el pronombre átono que a veces se refuerza o se especifica mediante el pronombre objeto **(a mí) me, (a ti) te, (a mi novio) le** con el mismo valor de contraste que conlleva el uso del pronombre sujeto.

✓ el uso del pronombre átono de CD **lo(s)/la(s)** con **poner** + *adjetivo,* aunque lo haya desplazado el leísmo de persona.

✓ la alternancia INFINITIVO / SUBJUNTIVO, en Presente o Imperfecto, dependiendo del tiempo del verbo que expresa el sentimiento o estado de ánimo.

Página 130 abajo. Completar el recuadro que aparece a continuación es una forma de que los ejemplos sean aportados por los propios alumnos y de que el profesor pueda comprobar que se han comprendido las estructuras anteriores. El alumno deberá emplear infinitivos para las columnas 1 y 3 y el Imperfecto de Subjuntivo para las columnas 2 y 4.

En este momento se puede insistir en las correlaciones temporales entre el verbo que expresa el sentimiento y el que expresa la acción de otra(s) persona(s) que producen ese sentimiento, es decir, entre los tradicionalmente llamados "principal" y "subordinado", de manera que si el primero es un condicional, el segundo reflejará la virtualidad mediante un Imperfecto de Subjuntivo.

Página 131. Tras la revisión y explicación de la estructura, se dirige la atención al vocabulario. Será necesario aclarar el significado de ciertas expresiones e indicar el carácter coloquial de algunas como **a cien** o **como una moto** (frecuentemente empleados con el sentido de excitación sexual), **de los nervios** y **me vuelve(n) loco/a**.
La práctica del vocabulario introducido, en el que se mezclan lo conocido y lo nuevo, es bastante abierta.

Página 132. La última parte de esta secuencia intercalada en la historia de Rosana, el "pictionary", es una práctica igualmente abierta que pretende la automatización y la autocorrección de los errores por los alumnos en su búsqueda de la precisión necesaria para adivinar exactamente y en el menor tiempo posible la frase que se representa en la pizarra mediante dibujos.
La propuesta que se ofrece en el libro es una de las muchas posibles. En ella el profesor se limita a colaborar con el equipo que ha escrito la frase y controla el tiempo, llamando la atención sobre aquellas respuestas que sean gramaticalmente incorrectas para que puedan ser reformuladas de inmediato.

■ CUADERNO DE EJERCICIOS

Ejercicios 6 y 7: completar enunciados que expresan sentimientos o estados de ánimo, primero, con los pronombres y formas verbales adecuados; después, con información personal y libertad de elección, usando el Imperfecto de Subjuntivo.

■ OBJETIVOS

Puesta en contacto con las formas de definición de instancias de las que no se tiene experiencia (relativas con Subjuntivo). Después, producción significativa libre de lo anterior, manejando además el contraste Indicativo / Subjuntivo en las oraciones de relativo y el Subjuntivo en la expresión de deseos.

■ PROCEDIMIENTO

Las instrucciones del juego pueden ser leídas en clase para comprobar que todo el mundo las entiende y crear en el aula la conciencia de que se trata de un ejercicio de simulación en el que cada cual debe asumir diferentes papeles y contribuir a un buen resultado colectivo. La cooperación es fundamental para sincronizar los pasos y agilizar el procedimiento que va desde la creación del archivo de las agencias (1.) hasta el emparejamiento del máximo número de clientes (5.).
De los diferentes pasos, cabe destacar:

1. El hecho de que tengan que hacer la ficha de un hombre y de una mujer introduce el distanciamiento necesario para que inventen sus propios personajes. El profesor puede animar a los estudiantes a introducir rasgos variados o peculiares en esos personajes haciéndoles ver que los clientes de una agencia matrimonial pueden ser muy diferentes.

2. Todavía como clientes de la agencia, esta vez los alumnos deben formular por escrito sus deseos. Para ellos disponen de modelos instrumentales que incluyen estructuras de relativo con Subjuntivo insertadas en otras que expresan deseos o necesidad.

3. Es un paso necesario para organizar el trabajo de buscar pareja. Trabajando en grupos pequeños se posibilita el intercambio de información y la discusión para llegar a un acuerdo.

4. Para fomentar dicho intercambio, el profesor puede establecer el criterio de que para conseguir una pareja todo el grupo debe estar de acuerdo en que resulta una pareja bastante "ideal", con bastantes afinidades y posibilidades de llegar a ser estable. Conviene que los alumnos sepan que cuentan con una segunda oportunidad.

5. La puesta en común de los resultados de la búsqueda es la última oportunidad. El incentivo de la competitividad entre las agencias es un pretexto para la formulación de preguntas demandando clientes que cumplan determinada condición (relativas con Subjuntivo) y ofertas (relativas con Indicativo).

■ IDEAS ALTERNATIVAS

Cuando la clase es poco numerosa, se puede hacer una agencia única en la que se reparte el trabajo, de manera que al llegar al paso 3 cada alumno recibe dos fichas (distintas a las que creó) y busca las compatibilidades entre sus deseos y las caraterísticas de sus personajes. Si consigue deshacerse de sus fichas y satisfacer sus demandas, merecerá un ascenso o un beneficio económico en TÚ DIRÁS.

■ CUADERNO DE EJERCICIOS

Ejercicio 8: completar con el modo y el tiempo adecuados del verbo las oraciones relativas.

Ejercicio 9: decidir antecedentes adecuados a oraciones de relativo.

■ OBJETIVOS

Poner en contacto al alumno con el uso de conectores de causa y oposición. Recoger y ampliar los conocimientos de la clase sobre estos conectores y el contraste entre ellos. Comprobar controladamente estos conocimientos. Práctica libre de lo anterior en medio escrito.

■ PROCEDIMIENTO

Página 134 y 135. La carta de Amalia (la tía de Rosana) es el contexto en que se presentan los conectores. Antes de explicar el cuadro que intenta sistematizar su funcionamiento y amplía los recursos que se emplean para lo mismo, conviene detenerse en el texto y reflexionar con los alumnos sobre el valor de cada uno de los marcadores que aparecen en él.

Páginas 136 y 137. Para la comprensión del cuadro y de los ejemplos puede ser muy útil volver al texto siempre que sea necesario y poner los ejemplos que éste ofrece junto a los que aparecen en el cuadro.

El ejercicio que se propone inmediatamente después del cuadro insiste en la reflexión de los valores explicitados y permite al profesor comprobar que el alumno ha interiorizado la regla (o su propia hipótesis de regla) y puede aplicarla con éxito.

Para la tarea final el alumno dispone de cuatro anuncios. Deberá elegir uno para dirigirse a la persona que se anuncia, describiendo y argumentando las afinidades que pueda tener con ella.

■ **IDEAS ALTERNATIVAS**

Se puede optar por hacer el ejercicio en colaboración con un compañero. Esto significa que ambos han de llegar previamente a la creación de un personaje imaginario negociando sus rasgos y su experiencia vital.
Si se considera necesario, la clase puede enfrentarse también a la tarea de elaborar sus propios anuncios de contactopara enriquecer la variedad de destinatarios y su diversidad.

■ **SOLUCIONES**

1. En cambio / mientras que. 2. y sin embargo / y aún así / y a pesar de eso. 3. y sin embargo / y aún así / y a pesar de eso. 4. En cambio / mientras que.

■ **CUADERNO DE EJERCICIOS**

Ejercicio 10: contextualización de estos conectores.
Ejercicio 11: práctica controlada de estos conectores.
Ejercicio 12

Un poco de literatura

■ **OBJETIVOS**

Leer y comprender un texto literario para después realizar un comentario general e iniciar un debate basado en una serie de preguntas orientativas relacionadas con el tema del amor.

■ **PROCEDIMIENTO**

Lectura individual o en grupo tanto del texto como de la explicación previa para situar el tema, los personajes y el escenario, así como el contexto sociocultural en que fue escrito.
Se propone además una última tarea: la de escribir un final alternativo desde un punto de vista distinto.

■ **REFERENTES CULTURALES**

En el tránsito al Renacimiento Humanista, la literatura española produce una de sus obras más emblemáticas: *La Celestina*, publicada a finales del siglo XV. Su dudosa autoría ha sido objeto de numerosos estudios e indagaciones, pero lo que más ha trascendido han sido sus magníficas escenografías de amor imposible entre los protagonistas que, a causa de desavenencias sociales y familiares, culminan su amor en una tragedia, preludio de dramas similares al de Romeo y Julieta. Es el amor, como pasión gozosa y dolor terreno, el artífice de la trama. Lo es también el interés del intercambio de las relaciones humanas, encarnado en el personaje central, Celestina, una alcahueta que ha dado origen al vocablo castellano "celestina" aplicado a la persona que se dedica a poner en contacto parejas y a hacer de intermediaria entre amantes.

AL PIE DE LA LETRA

¿De dónde venimos? ¿Adónde vamos?

Nombre: ....

Apellido: ....

Fecha: ....

Curso: ....

UNO. Explica las diferencias entre las siguientes frases:

› Un barco hundido.
› Un barco hundiéndose.

› Han expulsado a un jugador.
› Un jugador ha sido expulsado.

DOS. ¿Con qué verbos, que no sea **decir**, transmitirías exactamente la intención de los siguientes comentarios extraídos de las noticias?

Ministro: ¡Yo no he sido! ¡Las joyas las ha robado la Ministra, seguro!

Ministra: Es verdad, sí, yo robé las joyas de la Virgen del Pincho.

Presidente: Por favor, paciencia, por favor, calma y serenidad en estos momentos.

Cura de Sta. María del Pincho: Es completamente falso que yo haya traficado con droga.

Ministro: Sería mucho mejor sacrificar todas las gallinas epilépticas para evitar una enfermedad entre los consumidores de huevos.

Secretario de Hacienda: Puedo demostrar que el Ministro ha escapado a Manila con más de mil millones.

TRES. ¿De qué secciones se compone un periódico?

CUATRO. ¿Cuáles son las características principales de una revista del corazón?

AL PIE DE LA LETRA

Seguir las instrucciones de alguien al pie de la letra significa hacer lo que ha dicho exactamente, sin olvidar ni añadir nada.

■ OBJETIVOS

Se pretende dirigir la atención de los alumnos fundamentalmente hacia la organización de la información en los textos periodísticos a través del análisis de noticias y de propuestas para la expresión escrita. Toda la unidad está planteada como una tarea encaminada a la redacción final de un periódico entre todos los miembros de la clase.

■ CONTENIDOS FORMALES

Uso contrastivo del Participio y el Gerundio. La voz pasiva en textos formales. Verbos para transmitir palabras de uso formal (se completa así el trabajo sobre el discurso referido comenzado en la unidad 7).

■ DEBATE

El papel de la información y los medios de comunicación en la sociedad; su influencia en la toma de decisiones políticas; su papel en el mantenimiento de las libertades políticas; la objetividad de la información, etc.
Las revistas del corazón y el derecho a la intimidad de los famosos.

¡Qué lío!

Entrar en contacto con textos periodísticos escritos y reflexionar sobre su carácter (estilo, vocabulario, sintaxis, estructura de la información).

■ PROCEDIMIENTO

La actividad propone relacionar cada titular con una fotografía y con un texto. Para ello, en un primer momento, no es necesario aclarar el significado de todas las palabras desconocidas puesto que de lo que se trata es de realizar un ejercicio de lectura rápida en el que se explota el sentido general de cada texto. Si se considera adecuado, se pueden trabajar elementos léxicos de los titulares de forma inductiva, proponiendo a los alumnos que hagan hipótesis sobre el significado de algunas palabras después de completada la actividad: **decomisar, asilo, sede, en pie de** son términos cuyo sentido se puede deducir fácilmente del contexto en que se presentan. En todo caso, resultará muy enriquecedor proponer un análisis de todo aquello que identifica estos textos como lenguaje escrito y de carácter periodístico.

■ IDEAS ALTERNATIVAS

Dividir la clase en parejas de forma que el alumno A trabaje sólo con los titulares, aclarando con la ayuda del diccionario y/o del profesor el significado de todas las palabras que desconoce, y el alumno B lea los textos. Después B deberá hacer a su compañero un breve resumen de cada noticia y A tendrá que decidir cuál es el titular que corresponde y explicarle a su compañero el léxico con el que previamente ha trabajado.

■ SOLUCIONES

Titular: La policía de Baracaldo decomisa un cargamento de chanquetes; foto 4; noticia: "A las cinco horas de la madrugada de ayer..."

Titular: Intoxicación por LSD de varios ancianos en un asilo de Baracaldo; foto 1; noticia: "Los responsables de la institución..."

Titular: Cristianos en pie de guerra; foto 5; noticia: "Las monjas del Convento..."

Titular: Los agricultores de la Vega del Segura atacan la sede del Ministerio; foto 3; noticia: "El trasvase de aguas..."

Titular: Vuelve la polémica en torno al cráneo de Orce; foto 2; noticia: "El presidente de la Asociación..."

■ REFERENTES CULTURALES

Chanquetes: El chanquete es un pez pequeño comestible de cuerpo comprimido y traslúcido, que por su tamaño y aspecto no sólo recuerda a la cría del boquerón, sino que, además, se mezcla con ella en las capturas, de ahí que popularmente se considere a los chanquetes, en sentido amplio, pescados de diversos tipos pero capturados antes de temporada, cuando aún son muy pequeños, sobre todo en la costa mediterránea. Su captura y consumo están prohibidos en España desde hace algunos años. Una simpática campaña del gobierno para hacer consciente al consumidor de la importancia de respetar a estas crías utilizaba el eslógan "Pezqueñines no, gracias", jugando con las palabras "pez" y "pequeñín", diminutivo familiar de "pequeño".
Baracaldo: Pueblo portuario del País Vasco.
Ertzaintza: Policía autónoma vasca.
Orce: Pueblo de la provincia de Granada que da nombre al polémico cráneo encontrado allí.
Rute: Pueblo de la provincia de Córdoba, famoso por sus burros y su aguardiente.
Trasvase: La cesión de aguas desde la España húmeda a la seca provoca enfrentamientos y protestas cada vez que se plantea.

■ CUADERNO DE EJERCICIOS

Ejercicio 12: actividad de lectura intensiva en la que se le pide al alumno que imagine un título para cada noticia.

■ OBJETIVOS

Reflexión sobre el uso contrastivo del Participio y el Gerundio en el contexto de la información periodística.

■ PROCEDIMIENTO

Se puede remitir al alumno al cuadro de la página 41 (unidad 2), en el que ya se planteaba la diferencia entre **estar** + *Gerundio* y **estar** + *Participio* cuando hablamos de acciones en el pasado. Ahora se presenta tan sólo como recordatorio y directamente relacionado con la formulación de los pies de foto.

■ CUADERNO DE EJERCICIOS

Ejercicio 2: analizar las diferencias de significado entre algunas parejas de Participio / Gerundio.
Ejercicio 10: completar diálogos eligiendo Gerundio / Participio.

■ **OBJETIVOS**

Extraer la información estructural de los textos tratados anteriormente. Redactar noticias a partir de la información estructural.

■ **PROCEDIMIENTO**

Se puede realizar individualmente, pidiendo a los alumnos que completen todas la fichas, o bien, pedir a cada grupo que trabaje con una noticia y realizar después una puesta en común en la que un miembro de cada grupo explique al resto de la clase las conclusiones a las que han llegado.
Al final se plantea un ejercicio de escritura.

■ **IDEAS ALTERNATIVAS**

Una posible alternativa para crear diferentes textos (que al final de la unidad pueden ser incorporados al periódico) es pedir a cada grupo que rellene una ficha: quién, qué, dónde, cuándo y por qué, con la información que quieran y después se la pasen a los miembros de otro grupo, que deberán redactar la noticia completa.

■ **CUADERNO DE EJERCICIOS**

Ejercicio 1

El corresponsal vago

■ **OBJETIVOS**

Obtener la información necesaria para poder redactar una noticia a través de la audición de noticias de radio.

■ **PROCEDIMIENTO**

Un primer paso es familiarizarse con el léxico específico que después encontrarán en la audición y que, en último lugar, deberán reutilizar en sus composiciones. El trabajo de léxico puede plantearse como un ejercicio de diccionario en el que cada grupo de alumnos, después de buscar el significado de algunas palabras, deberá explicarlas al resto de sus compañeros. El trabajo de extraer información durante la audición puede hacerse de forma individual (cada alumno completa su ficha) o en grupos (cada miembro del grupo atiende a la información necesaria para contestar a una o dos preguntas).

■ **IDEAS ALTERNATIVAS**

Puede pedirles que antes de aclarar el significado de todas las palabras, piensen cuáles tienen una relación directa con la arqueología (**excavaciones, jeroglífico, asentamiento, necrópolis**...) y cuáles con el comercio (**comercio, mercancías, especular**), y a partir de ahí plantear la explicación de su significado.
Igualmente, antes de realizar la audición y dado que ya disponen de datos que les pueden ayudar a ello, se puede pedir a los alumnos que formulen hipótesis sobre el contenido de la noticia que van a escuchar. También es posible proponer la redacción final de la noticia.

■ **SOLUCIONES**

Quién: Trabajadores de una constructora.
Qué: Descubrimiento de necrópolis fenicia y momia muy bien conservada.

Dónde: Adra, en Almería.
Cuándo: La pasada semana.
Por qué: Hacían unas obras para construir casas.

TRANSCRIPCIÓN

LOCUTORA: Y ahora, damos paso a las noticias... pero no os vayáis, enseguida volvemos.

LOCUTOR: Noticias. En la localidad almeriense de Adra han sido localizados durante la pasada semana restos de lo que podría ser la necrópolis fenicia más completa y mejor conservada de nuestras costas mediterráneas. Las excavaciones llevadas a cabo por una constructora descubrieron que la zona que iba a ser destinada a veinte viviendas unifamiliares y un extenso complejo polideportivo, estaba literalmente repleta de piedras ordenadas simétricamente, así como utensilios y objetos variados. Al principio se pensó que podrían ser restos acumulados de anteriores construcciones, pero el hallazgo de un sarcófago prácticamente intacto dio la clave: se trata de una momia egipcia perfectamente conservada y que, según los especialistas consultados, procede de la necrópolis fenicia de Abdera, la actual Adra, núcleo comercial de estos pueblos mediterráneos. La población acudió al lugar sobresaltada por tan magnífico descubrimiento. Las autoridades han tenido que proteger la zona para evitar que los curiosos interrumpan las labores del equipo de arqueólogos trasladados de inmediato a esta localidad. La momia ha sido trasladada al Instituto Anatómico Forense de Madrid para ser estudiada. Según las informaciones de que disponemos, su estado de conservación es excelente, debido al cierre hermético del sarcófago. Recordemos que desde hacía varios años los arqueólogos de varias universidades especulaban con la presencia de un importante núcleo urbano de asentamientos fenicios, tal como nos explicaba en declaraciones exclusivas a nuestra cadena el responsable de las investigaciones, el Doctor Castañeda.

DOCTOR: Sí, sí... ha sido una suerte que por fin hayamos dado con este punto. Se podía haber tardado un año o diez, pero por fin se ha localizado la necrópolis,... bueno... y sobre todo la momia. Este es un ejemplar casi único. De todos los que he visto en mi carrera como investigador es de los mejor conservados.

LOCUTOR: ¿Y cómo una momia egipcia en la costa mediterránea española? ¿Cómo explica usted eso? ¿Es que estaba de vacaciones...?

DOCTOR: Hombre... pues no exactamente de vacaciones... Sabemos que es egipcia por los jeroglíficos del sarcófago, y podemos imaginar que es parte de las mercancías que se comerciaban por todo el Mediterráneo entre todos estos pueblos.

LOCUTOR: Bueno... Ya han oído... Un descubrimiento muy importante para reconstruir nuestro pasado. No se vayan. Dentro de una hora... más noticias.

■ OBJETIVOS

Reflexión sobre el uso de la voz pasiva en español.

■ PROCEDIMIENTO

Convendría hacer hincapié en que generalmente se registra en textos de carácter formal, como las noticias de un periódico. De ahí que, tras un cuadro explicativo, se le plantee al alumno comparar un texto periodístico con lo que ocurre en una conversación normal.

IDEAS ALTERNATIVAS

Si el profesor considera conveniente insistir en este punto gramatical, podría hacerlo proporcionando fragmentos de conversaciones en las que se comentan noticias y pidiendo a los alumnos que piensen cómo aparecerían expresados en un periódico. Ejemplo:

- ¿Te has enterado que la policía ha detenido al "Pupas"?
- Ha sido detenido por la policía "El Pupas"(...)

CUADERNO DE EJERCICIOS

Ejercicio 3: reflexionar sobre las diferencias entre el registro formal empleado en la redacción de un titular de periódico y el registro coloquial usado cuando contamos noticias que hemos leído.

Ejercicio 5: práctica del discurso referido con una carta.

Ejercicio 6: formación de adjetivos, verbos y sustantivos. Su uso en ejemplos del propio alumno.

Ejercicio 11: transformación de estructuras activas en pasivas.

OBJETIVOS

Poner en contacto al alumno con una serie de verbos que sirven para transmitir palabras a través de un medio oral (la actividad 6) y escrito (la actividad 7), antes de su sistematización y práctica directa (actividad 8).

PROCEDIMIENTO

Al ser dos actividades de presentación de una serie de recursos léxicos concretos, conviene centrar en ellos la atención de los alumnos. En 6 los verbos de habla aparecen ya marcados en negrita, pero en 7 se puede pedir a los alumnos que, en una segunda lectura del texto, señalen los verbos de este tipo que aparecen.

SOLUCIONES

Actividad 6: 1 **V**; 2 **V**; 3 **F**; 4 **V**; 5 **F**; 6 **F**; 7 **V**.
Actividad 7: 1 **no**; 2 **sí**; 3 **sí**; 4 **no**; 5 **sí**

TRANSCRIPCIÓN

PERIODISTA: ¿Puede usted explicar a los oyentes qué es y qué hace la ANRE?

ENTREVISTADO: Hombre, mire, ante todo, no hay que olvidar que llevamos desde el 81 ó el 82 luchando porque se le respete a todo el mundo el derecho a estar desnudo en cual quier playa, eso no puede molestarle a nadie... vamos, pienso yo..., a nadie que tenga dos dedos de frente y una mínima educación. Mire, lo que pasa es que hay todavía mucha gente que se escandaliza con nada, mucho hipócrita, vamos, gente a la que en realidad le gusta escandalizarse y pasarlo mal, y ésos son los que de verdad molestan con sus valores morales, sus códigos éticos, gente que impone sus ideas a la fuerza. Para nosotros, estar desnudos es lo natural, así venimos al mundo y no pasa nada. Lo que pasa es que la sociedad, luego, te impone una forma de educación que es fundamentalmente represiva. Por eso reivindicamos el derecho natural a estar en cualquier playa como cada uno quiera, sin el miedo a que la policía pueda detenerle a uno por enseñar el culo.

PERIODISTA: ¿Y cuál es la respuesta de la administración?

ENTREVISTADO: Pues que sí, que de acuerdo, que podemos desnudarnos, pero en playas apartadas y sólo para nudistas. ¡Fíjese usted!, ¡como los indios en las reservas americanas en el siglo XIX!, ¿ve? La administración no quiere entender nuestra postura. Nosotros no somos hippies, ni exhibicionistas, ni degenerados, somos personas normales, como cualquier oyente de este programa, como usted, con una familia normal y un trabajo normal, pero, ante todo, queremos que nuestros hijos vivan una educación libre y sin complejos, ¿me entiende? Queremos una sociedad donde todos seamos realmente iguales y, dése cuenta, el mejor lugar para empezar a ser iguales es en una playa donde todos juntos podamos tomar el sol tal y como vinimos al mundo.

PERIODISTA: Muchas gracias por sus declaraciones a "Tú dirás".

ENTREVISTADO: Gracias a usted por la entrevista; pero, mujer, ¿por qué no se quita usted la ropa y se da un bañito con nosotros?

PERIODISTA: Ejem... ¿yo?, ejem... ¿la ropa? No, no, mire... no, tengo... no, tenemos que volver al estudio. Gracias, gracias, pero... pero no...

TRANSCRIPCIÓN

PERIODISTA: Después de haber escuchado la entrevista con el presidente de la asociación nudista, vamos a escuchar ahora una selección de las declaraciones que el Ministro ha hecho esta mañana a Radiovox.

MINISTRO: Mire usted, a mí, personalmente, algunas ideas de la ANRE me parecen muy positivas pero, como ministro, no puedo aceptar la forma en que las llevan a cabo.

Bueno, sobre el tema de las playas contaminadas debo decir que gran parte de la culpa es de las empresas y fábricas que están cerca de la costa y no cumplen las leyes vigentes sobre residuos; lógicamente la responsabilidad no es sólo de este Ministerio, como afirma la oposición, sino un poco de todos.

No tenemos personal suficiente para vigilar todas las playas del litoral español, que son más de seis mil; por esa razón no podemos garantizar que todo el mundo cumpla las normas sobre el nudismo.

Le aseguro que hoy mismo he hablado con el Presidente del Gobierno sobre el tema de la falta de agua potable en los municipios de la Costa del Sol y que la solución definitiva al problema está muy próxima.

Y volviendo al tema de la contaminación, le repito que estamos haciendo lo posible desde el Ministerio para que esta situación mejore y todas nuestras playas estén limpias en un plazo de tiempo razonable.

PERIODISTA: Y esto es todo por hoy en las noticias de Radiovox.

Eso dicen...

■ OBJETIVOS

Sistematizar los verbos de habla presentados en las dos actividades anteriores desde el punto de vista de su significado y su registro de uso. Corroborar inmediatamente la comprensión de lo estudiado.

■ PROCEDIMIENTO

Páginas 148 Y 149. Asegúrese de que los alumnos entienden lo expuesto en el resumen, pidiendo sus contribuciones si quiere hacer menos pesada la explicación. Invíteles después a que añadan ellos los ejemplos que faltan para "reconocer" e "insistir en" acudiendo al texto de la actividad 7.

Página 150. Aunque el ejercicio pretende fundamentalmente la selección del verbo según el sentido, debería aprovechar para repasar algunos otros aspectos del discurso referido (cambio de tiempo verbal y verbos como **ir / venir** -unidad 7-, referencias temporales -unidad 4-, etc.) que con bastante probabilidad plantearán problemas. (No olvide que la situación comunicativa que se plantea es contar lo dicho una semana después).

■ IDEAS ALTERNATIVAS

Como es lógico, el enfoque léxico practicado no obsta a un análisis de los imperativos sintácticos del uso de estos verbos, que puede abordar, si lo considera necesario, como repaso de lo estudiado en la unidad 7. En tal caso, insista en el régimen preposicional de los verbos implicados así como en el uso de los modos (Indicativo con verbos que transmiten afirmaciones y Subjuntivo con los que transmiten peticiones, así como las posibilidades de combinación con el infinitivo). Haga especial hincapié en verbos como **aceptar**, **insistir en**, o **recordar**, que pueden transmitir tanto afirmaciones como peticiones: "El ministro insistió en que iba a subir el precio" vs. "El ministro insistió en que subiera el precio".

■ SOLUCIONES

A LOS EJEMPLOS:

Reconocer: Reconoció también que, sin embargo, la administración no podía hacer mucho para evitar las acciones de la ANRE.

Insistir en: (...) insistió en que se está haciendo todo lo posible para mejorar la situación.

AL EJERCICIO: 1. asegurar; 2. comentar; 3. proponer; 4. recordar; 5. acusar; 6. negar; 7. reconocer; 8. insistir.

■ CUADERNO DE EJERCICIOS

Ejercicio 4: práctica controlada de la voz pasiva y los participios.

Ejercicio 9: corrección de errores en la que se hace hincapié principalmente en el régimen preposicional de los verbos más complejos y en el modo del verbo que determina.

Trapos sucios

"Sacar los trapos sucios" significa hacer públicas las intimidades y faltas de una persona.

■ OBJETIVOS

Toda la actividad está planteada como una tarea de lectura, interacción oral y escritura. Es un ejercicio de simulación en el que se pretende implicar a los alumnos para que la práctica del discurso referido y la redacción de textos informativos (objetivos de la unidad) parta de sus propias contribuciones.

■ PROCEDIMIENTO

Páginas 150 y 151 arriba. Comienza con un ejercicio de lectura en parejas en el que se le pide a cada miembro de la pareja que haga hipótesis sobre las posibles preguntas/respuestas que completan la entrevista. De esta forma se pretende familiarizar al alumno con dos cosas: el tema sobre el que versará toda la actividad y la forma de la entrevista informal propia de la prensa del corazón.

Páginas 151 abajo, 152 y 153. Se les pide a los alumnos que adopten diferentes papeles para la entrevista que van a realizar: uno será Isabel di Cosimo, otro Borja von Bollen y el resto periodistas. Resulta muy útil asignar diferentes intenciones a cada grupo de periodistas antes de proceder a la lectura de los cuatro textos: unos a favor de Borja, otros partidarios de Isabel, un grupo de reporteros independientes, etc. De esta manera se consigue que las preguntas en la entrevista y la redacción de la noticia sean diferentes en cada grupo de trabajo. Después de leer los textos y de redactar las preguntas, se puede realizar la rueda de prensa. Con la información recabada entre todos los miembros de cada grupo se les pide que redacten una nota de prensa para la revista *Hola, hola,* para lo cual cuentan con los modelos de textos con los que acaban de trabajar. Una posible puesta en común es leer todas las noticias que se han escrito en la clase y discutir entre todos si realmente el resultado final corresponde a la intención que tenían los autores.

■ IDEAS ALTERNATIVAS

Tal vez sea conveniente, si el profesor dispone de algún ejemplar de prensa rosa o "revistas del corazón" (*Hola, Semana, Lecturas, Diez Minutos*, etc.), llevarlo a clase y explicar a los alumnos que este tipo de revistas tiene mucho éxito en España. Se puede comparar así con lo que ocurre en otros países, si en el grupo hay personas de diferentes nacionalidades, o con el país en el que viven los alumnos.

■ CUADERNO DE EJERCICIOS

Ejercicio 7: práctica libre de formas verbales en la que se recogen los verbos de habla expuestos en la unidad y las formas del pasado.

Ejercicio 8: control del léxico de toda la unidad.

Redacción de un periódico

■ OBJETIVOS

Toda la unidad está conformada de manera que al final toda la clase disponga de los instrumentos necesarios para acometer la redacción de un periódico. Esta tarea final pretende ser una recapitulación y una práctica creativa de los contenidos léxicos, gramaticales y discursivos expuestos a lo largo de la unidad.

■ PROCEDIMIENTO

Para introducir el léxico relativo a las secciones de un periódico se puede partir de una lluvia de ideas durante la cual el profesor va anotando en la pizarra los nombres de las secciones que los alumnos saben, y va ayudando, por medio de preguntas y pistas, a que recuerden aquellas que en un primer momento no han citado. Otra posibilidad, en el caso de que el profesor pueda tener acceso a periódicos españoles, es repartir ejemplares de distintos periódicos en clase y pedir a los alumnos que extraigan el nombre de las secciones que encuentren y el tipo de información que en ellas aparece.

■ IDEAS ALTERNATIVAS

Un posible ejercicio de evaluación final de toda la tarea, una vez que cada alumno disponga de un ejemplar fotocopiado, es proponer a cada grupo que escoja una noticia para corregirla. De esta manera se plantea un ejercicio de corrección de errores a partir de las propias contribuciones de los estudiantes.

Un poco de literatura

■ OBJETIVOS

Acercar al alumno a la lectura de un poema de Lorca centrando la atención fundamentalmente en el contenido.

■ PROCEDIMIENTO

Se puede plantear esta actividad después del punto 3 de la unidad, siguiendo el mismo esquema de análisis de noticias que ahí se propone (QUIÉN, QUÉ, CUÁNDO, CÓMO, POR QUÉ) y pedir a los alumnos que imaginen la información que el poema no da.

■ REFERENTES CULTURALES

Federico García Lorca (Granada, 1898-1936) es uno de los más importantes escritores (poeta y autor teatral) del siglo XX, encuadrado literariamente en la conocida como "generación del 27" y punto de unión entre la vanguardia y la recuperación de la tradición. Fue fusilado por el ejército sublevado contra la República en los primeros meses de la Guerra Civil. El poema propuesto pertenece a uno de sus libros más populares, el *Romancero gitano* publicado en 1928.

SUSPIROS DE ESPAÑA

¿De dónde venimos? ¿Adónde vamos?

Nombre: ....

Apellido: ....

Fecha: ....

Curso: ....

UNO. ¿Qué elementos (tópicos, objetos, comida, ropa, etc.) caracterizan a tu país?

DOS. ¿Y a España? ¿Qué objetos asocias con la cultura española?

TRES. ¿Qué palabras usas para expresar las siguientes funciones? Pon un ejemplo.

› Para dar más información de un tema y seguir hablando de él.

› Para oponer y contrastar varias ideas.

› Para enumerar y clasificar dos ideas.

› Para explicar la causa de algo.

› Para expresar la consecuencia de algo.

› Para dar una idea final y cerrar un texto.

CUATRO. ¿Conoces alguna diferencia entre el español peninsular y el español de América?

SUSPIROS DE ESPAÑA

Es el título de un famoso pasodoble -típico baile español muy popular desde principios del siglo XX, originado en las marchas militares y que conserva cierto sabor nacionalista- popularizado por Concha Piquer.

■ OBJETIVOS

Acercar a los estudiantes a los tópicos y a la cultura popular, a lo que generalmente puede considerarse la idiosincrasia española, así como sensibilizarlos sobre algunos aspectos que conforman la lengua que están aprendiendo, como sus variedades geográficas, su formación y sus relaciones con otras lenguas.

■ CONTENIDOS FORMALES

Conectores discursivos de causa, oposición y de organización de la información, y sus posibilidades de combinación gramatical. Expresión de la impersonalidad con **se**. Paralelismos léxicos del español con otras lenguas románicas. Préstamos y contribuciones léxicas de otras lenguas al español. Diferencias básicas de las variedades del español. "Falsos amigos" en el vocabulario.

■ DEBATE

¿Crees que hay algo de verdad en los tópicos sobre las nacionalidades?, ¿es verdad que los alemanes son muy estrictos, los italianos unos sinvergüenzas y los españoles unos vagos? Los estudiantes pueden hablar sobre la opinión generalizada de su país en otros lugares y la opinión general sobre los españoles o los hispanos en su país.

Señas de identidad

Son los datos que permiten identificar a una persona, o a un país.

■ OBJETIVOS

Acercarnos con un poco de ironía, por un lado, a una serie de objetos que se identifican claramente como españoles en todo el mundo y, por otro, a otros objetos, que aunque no son tan típicos, resultan ser inventos hispanos. Ninguno de ellos es un logro histórico del progreso humano, precisamente.

■ PROCEDIMIENTO

Se trata de un ejercicio de lectura en el que, en un ejercicio de hipótesis, hay que unir en primer lugar cada imagen con una palabra. En segundo lugar, ambos habrán de ser relacionados con un texto en el que aparece mencionado el nombre del objeto. Después, se puede comentar el vocabulario que aparece en los textos, que es abundante y, presumiblemente, nuevo. El profesor puede aprovechar para comentar las particularidades y las anécdotas sobre la historia y la cultura española que vengan al hilo y si, al final, su patriotismo ha quedado más dañado de lo que admite su sentido del humor, puede contarles a los estudiantes que hay algunos inventos que sí han sido importantes, como el submarino de Isaac Peral y el autogiro (helicóptero) de Juan de la Cierva.

■ **SOLUCIONES**

Las ilustraciones de izquierda a derecha y de arriba abajo, con los textos: naipes, traje de luces- 1, futbolín- 6, guitarra- 9, navaja- 5, bota- 2, peineta-7 , chupachups- 4, cigarrillo- 8, fregona- 11, abanico-3.

■ **REFERENTES CULTURALES**

En las instrucciones: el Imperio Español se desmembró definitivamente con la pérdida de Cuba en 1898, tras la guerra con Estados Unidos, y el Astrohúngaro, de una manera un poco más aparatosa, con la I Guerra Mundial (1914-1918).
En el texto número 4: Salvador Dalí, Girona (España) 1904 - 1989, el más popular pintor y personaje surrealista, compañero de vanguardia, en sus comienzos, de Federico García Lorca y de Luis Buñuel.
En el texto número 6: la guerra a la que se hace referencia es la Guerra Civil española (1936-1939).
En el texto número 9: Carlos IV fue rey en España en el tránsito al siglo XIX.

■ **OBJETIVOS**

El interés de la actividad es doble: por un lado, quiere poner a la cultura española en plano de igualdad: una vez que nos hemos reído de lo español, nos reímos de las cosas propias de los países de los estudiantes; por otro lado, damos rienda suelta a la creatividad del estudiante para que ejerza su capacidad irónica y cómica en español.

■ **PROCEDIMIENTO**

Se pide a cada estudiante que, individualmente, piense y anote un objeto, una comida o una prenda de vestir típica (sólo una cosa, para no ponernos pesados) de los países que se indican en los tres recuadros. Al final, se puede jugar a las adivinanzas: cada estudiante puede describir objetos de regiones en particular o cosas típicas que todos conozcan pero sin decir el nombre hasta que otro estudiante lo adivine. También se puede pedir por escrito para casa y que cada estudiante lea su composición al día siguiente.

■ **CUADERNO DE EJERCICIOS**

Ejercicio 5: lectura y formulación de hipótesis.

España es diferente

Es un popular eslogan turístico de los años 60 propuesto por el entonces Ministerio de Información y Turismo franquista. La ironía era obvia, España era diferente del resto de Europa tanto en su clima como en sus libertades políticas.

■ **OBJETIVOS**

Los tópicos sobre las costumbres y el comportamiento de los españoles son en esta ocasión una buena oportunidad para hacer una breve reflexión sobre la construcción impersonal con **se** y sobre los verbos que la admiten.

■ PROCEDIMIENTO

Dado que se pretende que la regla sea extraída por los estudiantes, conviene seguir el orden de las instrucciones estrictamente. Primero pueden trabajar en pequeños grupos para acordar cuál es el complemento adecuado a cada acción, siempre pensando que hablamos de España. Por ejemplo: para **comer**, se suelen añadir "cosas con mucho aceite", para **funcionar bien** y **funcionar mal** se suelen añadir respectivamente "nada" y "todo". Después, cada estudiante individualmente debe buscar una frase para cada verbo con el complemento adecuado, tratando de hacer una frase impersonal y, consultando el cuadro que está a continuación de los verbos, tiene que intentar averiguar por qué unas veces es posible y otras no. Por último, los estudiantes que crean tener la solución pueden exponerla a sus compañeros.

■ SOLUCIONES

No admiten la construcción con **se**:
gustar; **molestar**: la construcción con **se** no es impersonal, pues existe el verbo "molestarse por" (mi hermano se molesta por todo lo que digo, es muy quisquilloso); **acostarse**: el verbo tiene **se**, ya que es pronominal.; **encantar**: no es posible la construcción con **se**, por la misma razón que gustar; **divertirse**: el verbo tiene **se**, es decir, es pronominal; **interesarse**: también es pronominal.

■ CUADERNO DE EJERCICIOS

Ejercicio 1: práctica conjunta de la actividad 1 y 3.
Ejercicio 2: ejercicio de lectura y corrección.

Don Juan, el Burlador de Sevilla

■ OBJETIVOS

Se trata de acercar al estudiante a un mito, que si bien fue literario en su origen, ha trascendido a la cultura popular, convirtiéndose en uno de los lugares comunes más extendidos sobre el comportamiento sexual y afectivo de los españoles y latinos.

■ PROCEDIMIENTO

Se trata de una actividad de lectura en la que el texto esta dividido en fragmentos de distinto tipo (instrucciones, texto central y escena final). Primero se propone un acercamiento al léxico clave. Debe hacerse antes para aclarar el vocabulario que pueda dificultar la lectura y se puede resolver en grupos. La lectura de las instrucciones y del texto central de la página 161 puede hacerse en voz alta. Por último, la escena puede representarse o, al menos, leerse de manera dramatizada con un estudiante para cada personaje.

■ REFERENTES CULTURALES

Siglo de Oro: período cultural que abarca la segunda mitad del siglo XVI y el primer tercio del XVII, tradicionalmente considerado el más fructífero de la historia española.
José Zorrilla: poeta y dramaturgo español (1817-1893) de obra prolífica y espíritu romántico.

Don Juan en Benidorm

Este título nos sitúa a Don Juan en nuestra época y en Benidorm, en la costa de Alicante, uno de los puntos más saturados del turismo mediterráneo. Muchos europeos son asiduos visitantes durante todo el año. Posee una maravillosa playa y un clima excepcional. Es el contexto para presentar a un don Juan moderno, ligón machista español a la caza de extranjeras.

■ OBJETIVOS

Reflexionar sobre las relaciones lógicas que establecen diversos conectores al proporcionar coherencia y cohesión a un texto escrito.

■ PROCEDIMIENTO

La actividad consta de tres partes bien diferenciadas.

Páginas 163 y 164 arriba. Se presenta un cuadro de partida en el que se recogen algunos conectores textuales. La explicación es necesaria antes de continuar con la práctica, prestando mucha atención a los ejemplos y los símbolos que los representan.

Páginas 164 abajo y 165. Los símbolos que representan a cada conector volverán a aparecer en el texto para que los estudiantes elijan el que corresponda en cada caso. Hay varias posibilidades y una puesta en común final puede servir de corrección global para usos inadecuados: **como** en el interior de la frase, o **a causa de** con forma personal, por ejemplo. Hay que recordar que ya en la lección 8 (página 136) se han tratado otros conectores de causa y oposición, y advertir también a los estudiantes que, para seleccionar correctamente los conectores, deben prestar mucha atención al contenido de la historia, actualización del mito original de Don Juan.

Página 166. En la segunda parte se vuelve a repetir el mecanismo, esta vez comparando a Juan Fajardo con el personaje de Zorrilla. Es un ejercicio cerrado de práctica automática para insistir sobre la función de los marcadores y alguna exclusividad de uso.

Página 167. Se propone a los estudiantes que ordenen la continuación de la historia para que aprecien la posibilidad de crear coherencia interna, en muchas ocasiones, sin el uso explícito de los conectores, mediante el orden lógico de los acontecimientos. En este caso es aconsejable plantear el trabajo en parejas o grupos reducidos para que discutan sus hipótesis antes de la corrección y comprobación entre toda la clase.

■ IDEAS ALTERNATIVAS

Después de comprobar la primera y tercera parte se puede hacer un concurso por grupos haciéndose unos a otros preguntas sobre el contenido de la historia: ¿Por qué se quemó Juan? ¿De dónde era la chica? ¿Por qué se fue Juan a Benidorm?, etc.

■ SOLUCIONES

Las de la primera y segunda parte corresponden a los símbolos.

En la tercera, página 167:

Juan volvió a su apartamento derrotado y humillado, con los pies casi sangrando **ya que / porque** había perdido sus zapatos en la discoteca y **además** tuvo que ir andando **porque / ya que / pues** no encontró ningún taxi a la salida. Entró en el ascensor con la cabeza caída.

Cuando llegó a la puerta de su habitación buscó las llaves en sus bolsillos, pero no las encontró. **Así que / de modo que** empezó a golpear la puerta con todas sus fuerzas y al final se abrió. Entró en el cuarto de baño y estuvo un rato sentado medio dormido. Después se desnudó y se metió en la ducha. El agua caía sobre su piel y le quemaba por donde pasaba. Mientras disfrutaba de la ducha recordaba la escena del baile de la discoteca y un sabor extraño parecido al metal por haber bebido y fumado durante toda la noche. Salió de la ducha y se metió en la cama. Se sentía más relajado. No sabía por qué, **pero / sin embargo** estaba más tranquilo y se quedó dormido. Las cortinas se movían con la brisa de la mañana y una luz inmensa le cegaba los ojos. **Como** la ventana estaba abierta, se oían los pájaros del jardín que despertaban a todos los amantes del mundo. Se dio cuenta de que sólo tenía una vida y que la fortuna le había concedido una segunda oportunidad sobre la tierra.

■ CUADERNO DE EJERCICIOS

Ejercicio 3: práctica controlada de los mismos conectores, pero en otro contexto.
Ejercicio 4: ordenar textos usando los conectores adecuados.

Tatuaje

Es el título de la canción original.

■ OBJETIVOS

Comprender el texto de una canción trabajando con la letra y la audición.

■ PROCEDIMIENTO

En primer lugar, antes de escuchar la canción, los estudiantes tienen que acercarse al texto interpretando los dibujos. La comprobación deberán hacerla escuchando la canción. Repetirla, tararearla o cantarla puede ser una buena práctica. Las preguntas que se presentan a continuación son un estímulo para desentrañar la historia que se narra, los fatales amores alcohólicos de Yvonne. Las interpretaciones de los estudiantes pueden hacernos volver sobre el texto y contextualizar el nuevo vocabulario adecuadamente.

■ SOLUCIONES

Él vino en un barco / cuando el blanco faro / sobre los veleros / su beso de plata / como la cerveza / Y sus ojos claros / cuando oyó en sus manos / del acordeón. / Y ante dos copas / él fue contándome entre dientes / "Mira mi brazo tatuado / con este nombre de mujer. / olvidado, / y para siempre iré marcado / de su acordeón. / muerta se ha quedado / A los marineros pregunta por él. / Buscando su huella / Y a media noche / oye de pronto una gramola.

■ REFERENTES CULTURALES

La canción fue compuesta por León, Valero y Quiroga en 1941. Son los autores más representativos de la "copla", género auténticamente español que combina y recicla variados ritmos y géneros musicales en canciones melodramáticas del gusto popular. Doña Concha Piquer, la más famosa tonadillera de este siglo fue quien inmortalizó esta canción, medio tango medio canción de cabaret, de amores ilícitos y portuarios en una España oficialmente católica.

Su voz y su personalidad han marcado toda una generación de posguerra en España y América. La versión que se escucha en la cinta, desgraciadamente, no es la de la Piquer, sino la de la cantante Rocío Jurado, una de las voces más portentosas que existen en la música actual.

La historia del español

■ OBJETIVOS

Familiarizar al estudiante con la historia del español y su relación con otras lenguas de su entorno cultural.

■ PROCEDIMIENTO

Página 169. El primer cuadro es un estímulo inicial para situar las lenguas europeas más importantes y, más concretamente, el español en relación a las lenguas romances. Una puesta en común entre toda la clase puede situar geográficamente las diferentes áreas lingüísticas.

Páginas 170 y 171 arriba. La segunda parte está dedicada a resaltar cuáles son los rasgos más importantes que diferencian al español de dos lenguas hermanas: el francés y el italiano; rasgos que responden a su grado de evolución rspecto del latín y al particular desarrollo histórico del romance castellano. El estudiante sólo tiene que intentar conpletar el cuadro, para lo cual no tendrá gran dificultad si presta atención a los fenómenos. Por ejemplo, el fenómeno O > ue. Lo que tiene que hacer es reconocer el diptongo ue en esas tres palabras. No está de más advertir que es ése el modelo que tienen que repetir. Después el profesor puede volver atrás, apartado por apartado, para insistir en esos rasgos típicos del español: diptongaciones: ue, ie, consonantismo palatal (ch, ñ, ll), -mbr-, j, z. Un buen ejercicio de complemento es aplicar esos fenómenos a otros modelos que conozcan en español, inventariando entre todos palabras en las que se den esos fenómenos. Por ejemplo, verbos que diptongan cuando el acento cae en la vocal: puedo / podemos, viene / venimos, siento / sentimos, así como otro vocabulario donde aparezca ch, ñ, ll, -mbr-, j, z. Incluso puede plantearse como juego por grupos, para ver quién consigue más palabras que contengan esos sonidos en menos tiempo. En el caso de aulas donde tengan conocimiento de francés o italiano u otras lenguas romances puede ser más rentable, si cabe, buscar comparaciones con otras lenguas.

Páginas 171 abajo y 172. La tercera parte trata el tema de las palabras incorporadas al español desde otras lenguas. En parejas o grupos reducidos los estudiantes pueden leer todas las palabras y hacer una primera hipótesis sobre el origen de ese vocabulario. Después, leyendo con mucha atención los cuatro bloques de la página 172, deben encajar en cada grupo las palabras según los datos de que disponen. Su conocimiento del mundo o la lógica debe darle bastantes pistas, pero no todas. No importa, lo importante es que lo discutan entre ellos. Por ejemplo, la palabra **patata**: ¿De dónde vino la patata? de América. "¡Pero en inglés también existe la palabra!", suele decir algún estudiante. ¿Pero de dónde vino antes el producto? La croqueta no es cocina caribeña, sino francesa. Es, pues, un galicismo. Reflexiones de este tipo son las que deben llevar al estudiante a la clave, aunque al final el profesor tenga que dar todas las soluciones para comprobar si sus hipótesis eran ciertas o no. El ejercicio también puede servir de excusa para darles más información sobre la historia de España hasta nuestro siglo.

REFERENTES CULTURALES

En el primer cuadro se presenta un esquema de las principales lenguas indoeuropeas, exceptuando la rama del indoiranio. En el siglo XVI ya se apreciaron similitudes entre el sánscrito y las lenguas occidentales, lo que llevó a pensar que ésta era la lengua madre de las europeas. Estudios más sistemáticos a partir del XVIII llegaron a otra conclusión bien distinta, la existencia de un tronco común, el "protoindeuropeo", hablado ya antes del año 3.000 a. de C. y que se dividió en distintas lenguas a partir del siglo posterior. Serían pueblos seminómadas que penetraron a través del Danubio por diferentes vías los que introdujeron esta lengua. Los principales lingüistas que formularon la teoría y las leyes de evolución fueron Franz Bopp en 1816, William Jones en 1876, y Jacob Grimm (1785 - 1863) que, además de escribir cuentos para niños, era un excelente lingüista.

SOLUCIONES

Páginas 170 y 171 arriba: muerte, cuerda, puente / viento, tierra, nieve / noche, leche, dicho / año, caña, España / lluvia, llave, llama / hombre, hambre, nombre / consejo, mejor, hoja / razón, tristeza, brazo

Página 172:

1.- *Arabismos*: alcalde, ojalá, albañil, naranja, aceituna, arroz, almohada, acequia, algodón, alcantarilla, tarifa, cero.

2.- *Galicismos*: debate, sofá, garaje, chaqueta, croqueta, financiero, hotel, pantalón, burocracia.

3.- *Anglicismos*: mitin, esnobismo, reportero, túnel, estrés, bisté, water, líder, revólver, turista.

4.- *Americanismos*: patata, loro, cacique, tiburón, tomate, maíz, caníbal, cacahuete, chocolate.

CUADERNO DE EJERCICIOS

Ejercicio 6: mapa para localizar las lenguas de Europa.

Ejercicio 7: pasatiempo con vocabulario procedente de otras lenguas.

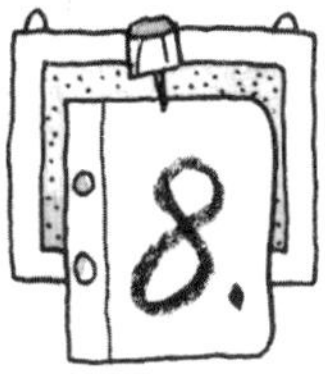

Trescientos millones

Más de trescientos millones de personas hablan español en el mundo. Fue título de un conocido programa de televisión que se emitía en España y muchos países de Hispanoamérica en los años 70 y 80.

OBJETIVOS

Acercar al estudiante a los rasgos más siginificativos de las variedades del español.

PROCEDIMIENTO

Páginas 173 Y 174: La mecánica de la actividad es muy simple. Realmente lo que el ejercicio presenta son textos de información general sobre las dos grandes variedades del español. Una lectura comprensiva por parte del alumno, con las pertinentes explicaciones del profesor, puede satisfacer el objetivo básico del ejercicio.

Página 175. En la segunda parte, tenemos un texto que el alumno también puede escuchar para después señalar las diferencias entre los dos hablantes, diferencias que comprobarán la comprensión de los textos del principio.

Falsos amigos

■ OBJETIVOS

Llamar la atención al estudiante sobre la presencia en español de posibles parónimos interlinguales o "falsos amigos" entre su lengua y otras próximas.

■ PROCEDIMIENTO

Tal como se indica en las instrucciones, se puede pedir al estudiante que elija las palabras que sean similares a otras de su lengua e intente ver si significan lo mismo. También se puede hacer teniendo en cuenta su conocimiento de otras lenguas. La intención es que reconozca aquéllas que le son familiares y preste atención al significado preciso del término en español. Si la clase es monolingüe, seguro que entre todos pueden encontrar falsos amigos no recogidos en el libro del alumno, que sólo da cuenta parcial del fenómeno. En las aulas multilingües una puesta en común puede enriquecer el uso de diferentes lenguas y dar pie a explicaciones de diferentes nacionalidades sobre los significados de las palabras y errores divertidos.

■ SOLUCIONES

INGLÉS:
actualmente —> *actually*: realmente, de hecho.
capa —> *cap*: gorra.
carpeta —> *carpet*: alfombra.
conductor —> *conductor*: director, presentador.
constipado —> *constipated*: estreñido.
demostración —> *demonstration*: manifestación.
desierto —> *desert*: postre.
embarazada—> *embarrased*: avergonzado.
éxito —> *exit*: salida.
librería —> *library*: biblioteca.
mover —> *move*: mudarse.
pretender —> *pretend*: fingir.
realizar —> *realize*: darse cuenta.
resignación —> *resignation*: dimisión.
sensible —> *sensible*: sensato.
sentencia —> *sentence*: oración.
simpático —> *sympathetic*: compasivo.
suceso —> *success*: éxito.
sujeto —> *subject*: asignatura, tema.
tópico —> *topic*: asunto, tema.
tapa —> *tape*: cinta.
Otros:
cartón —> *cartoon:* dibujo.
copia —> *copy:* ejemplar.
forma —> *form:* impreso.
insano -> *insane:* loco.
lecture —> *lecture:* conferencia.
suburbio —> *suburb:* barrio residencial.

FRANCÉS:
tirar —> *tirer:* sacar.
asomar —> *assommer:* matar, moler a palos.
quitar —> *quitter:* dejar.
realizar —> *réaliser:* darse cuenta.
suceso —> *succès:* éxito.

ALEMÁN:
alto —> *alt:* viejo.
dirigente —> *dirigent:* director de orquesta.
demostración —> *demonstration:* manifestación.

ITALIANO:
acostar —> *accostare:* arrimar.
gamba —> *gamba:* pierna.
guardar —> *guardare:* mirar.
influencia —> *influenza:* gripe.
salir —> *salire:* subir.
suceso —> *successo:* éxito.

PORTUGUÉS:
crianza —> *criança:* niño.
Otros:
presunto —> *presunto:* jamón.

SUECO:
roncar —> *runka:* masturbarse (vulgar).

■ CUADERNO DE EJERCICIOS

Ejercicio 8: corregir falsos amigos.

Un poco de literatura

■ OBJETIVOS

Comprender y comentar el contenido de un texto literario.

■ PROCEDIMIENTO

Lectura compresiva del texto con la ayuda del vocabulario explicado en las notas.

■ REFERENTES CULTURALES

Nicolás Fernández de Moratín (1737-1780) fue un gran escritor ilustrado, pero es famoso sobre todo por ser el padre del mucho más famoso Leandro Fernández de Moratín, autor de teatro y también ilustrado, traductor de Shakespeare al español y un intelectual influyente de su época.

DE COLORES

¿De dónde venimos? ¿Adónde vamos?

Nombre: ....

Apellido: ....

Fecha: ....

Curso: ....

UNO. Según los siguientes comentarios sobre Jesús, ¿cómo crees que es?

› Jesús, cuando va a las fiestas, se pone siempre morado.

› Sí, es verdad, Jesús siempre va de punta en blanco.

› A Jesús le encanta poner verde a todo el mundo.

› Sí, sí, y como siempre está sin blanca, pues ¡hala!, ¡que lo inviten!

DOS. Describe los siguientes objetos y situaciones usando palabras relacionadas con la impresión o sensación que producen, por ejemplo:

› Una flor: belleza, alegría...

› La guerra:

› Un cerdo en un charco:

› Un avión:

› Una isla paradisiaca:

TRES. ¿Qué queremos decir cuando decimos lo siguiente de una película que hemos visto?

› Es un rollo:

› Es un coñazo:

› Es un peliculón:

› Es alucinante:

CUATRO. Escribe palabras que conozcas relacionadas con el cine, por ejemplo: actor, fotografía...

DE COLORES

Es el primer verso de una canción folclórica tradicional mexicana que popularizó Joan Baez en los años setenta.

■ OBJETIVOS GENERALES

Presentar al estudiante modelos útiles tanto para describir como para valorar referentes artísticos y situaciones análogas.

■ CONTENIDOS FORMALES

Vocabulario relacionado con la descripción: colores, léxico abstracto y formación de sustantivos a partir de sus correspondientes adjetivos. Expresiones con los colores. Recursos para valorar, en este caso, para dar opiniones personales sobre películas, vocabulario relacionado con el cine y tratamiento de las diferencias de registro en textos orales y textos escritos (críticas de cine).

■ DEBATE

Se podría sugerir como tarea de cierre de la unidad, después del último ejercicio (nº 7), donde ya se presenta el esquema escrito de una película, tomar una película vista por toda la clase con la que se puedan activar todos los aspectos de descripción cinematográfica tratados, incidiendo en los aspectos de valoración y crítica personal.

Los colores de Rosa

Rosa es un nombre común en español que hace alusión tanto a la flor como al color.

■ OBJETIVOS

Se pretende que el alumno aprenda a deducir el significado de determinadas expresiones a partir de la comprensión del contexto en que aparecen. Asimismo, el texto que se presenta ofrece un modelo de narración para que los estudiantes, con las claves que se les proporcionan, hagan un intento de escritura creativa completando la historia.

■ PROCEDIMIENTO

En parejas o grupos reducidos, los alumnos deben leer el texto y, con la información de que disponen, definir como en el ejemplo esas doce expresiones. En este caso la ayuda del diccionario o del profesor no es necesaria para un acercamiento global. Lo interesante es que los estudiantes dialoguen y hagan sus hipótesis de significado y después se coteje en una puesta en común con toda la clase y la revisión del profesor. La posibilidad de escritura se presenta como complemento, y es útil para tratar el tema de la narración en pasado.

■ IDEAS ALTERNATIVAS

Después de comprobar las definiciones se puede plantear un concurso entre toda la clase. Se forman grupos, y cada uno prepara preguntas en las que sea necesario incluir las expresiones para hacérselas a los otros. Por ejemplo: ¿Para qué cogió Rosa las páginas amarillas? ¿A quién ponía verde el vecino?, etc. Así se vuelven a contextualizar las expresiones. Atención a que siempre sean adecuadas a la situación.

■ CUADERNO DE EJERCICIOS

Ejercicio 1: práctica controlada de comprensión de las expresiones con colores.

■ OBJETIVOS

Describir las impresiones y emociones asociadas a determinados referentes con la ayuda de adjetivos y sus correspondientes sustantivos.

■ PROCEDIMIENTO

La actividad consta de una primera parte de reflexión y formación léxica y otra de producción más abierta con dos materiales como estímulo.

Páginas 180 y 181 arriba. En la primera parte, en lugar de dar al estudiante los sustantivos clasificados según las nueve terminaciones básicas, se propone que ellos los identifiquen con el adjetivo y los sitúen en su lugar. Es un ejercicio mecánico para fijar la forma. Se aconseja apoyarlo con la unidad 1, página 25. No presenta mayor dificultad, pues se puede reconocer la raíz del adjetivo y del sustantivo.

Página 181 abajo. Se puede plantaer, por parejas o grupos reducidos, buscar asociaciones con esos referentes como apoyo, o bien con otros. Si se quiere complicar aún más el ejercicio, se puede proponer que busquen antónimos o bien oposiciones de significado. El caso es que asocien a situaciones comunes esos significados. No es un ejercicio cerrado: la dinámica exige, lógicamente, el uso de otro tipo de vocabulario, aparte del propuesto, que siempre es bienvenido si cumple el objetivo de informar efectivamente. La pizarra puede ser en este caso el soporte ideal para realizar un inventario del vocabulario en siete categorías.

■ IDEAS ALTERNATIVAS

Como ejercicio de comprobación alternativo se puede sugerir a los estudiantes que "lancen" unos a otros el vocabulario tratado para que reaccionen. Por ejemplo, Johan se dirige a Elena y le dice: ¡Oscuridad!, Elena responde: ¡Noche!, Elena le dice a Marcus: ¡Estudiar el subjuntivo! y Marcus responde: ¡Impotencia!, por ejemplo, y así sucesivamente.

■ REFERENTES CULTURALES

El español tiene, como la mayoría de las lenguas de nuestro ámbito, once palabras para definir once colores básicos: blanco, negro, rojo, verde, amarillo, azul, marrón, morado, rosa, naranja y gris. Otras lenguas, como el italiano y el ruso, diferencian dos clases de azul, y el húngaro tiene dos palabras para rojo. El hanunó, de las Filipinas, sólo tiene cuatro términos: negro, blanco, rojo y verde. Otras lenguas de Nueva Guinea sólo tienen palabras para blanco y negro.

Si bien hay asociaciones generales con cada color, una puesta en común sobre el significado de los colores, sobre todo en el aula multilingüe, puede hacernos ver la arbitrariedad de los usos y cómo cada experiencia cultural determina su lenguaje y viceversa. El luto para nosotros es negro, pero no para algunos orientales. El verde a nosotros no nos indica envidia ni desconfianza. El amarillo trae mala suerte, el rosa sigue siendo femenino y a los niños pequeños se les viste de azul, no de rosa. ¿Son también algunos colores políticamente incorrectos?

■ **CUADERNO DE EJERCICIOS**

Ejercicio 2: concurso de práctica de vocabulario.
Ejercicio 3: práctica cerrada para recordar vocabulario.
Ejercicio 4: práctica para recordar los mecanismos de transformación vistos, pero con el apoyo de la asociación libre de ideas.
Ejercicio 5: test de interpretación de la personalidad a través de los colores.

¿Y tú qué pintas aquí?

Esto se le puede decir a alguien al que, por ejemplo, no se le ha invitado a una fiesta y ha aparecido por su cuenta. **No pintar nada en un sitio determinado** significa en español 'no estar bien visto en determinado lugar por ser molesto o inútil'. El título juega con el doble significado de "pintar" pues la actividad es sobre cuadros.

■ **OBJETIVOS**

Acercar al estudiante a algunas formas del discurso académico a través de la descripción y comentario de imágenes y ofrecer información sobre su época, estilo y autor.

■ **PROCEDIMIENTO**

Páginas 182, 183 y 184. Los alumnos deben observar con atención los cuadros para completar la tabla siguiendo las instrucciones. Después se trata de poner en común sus anotaciones. Alguien lee sus notas y el resto debe adivinar a qué cuadro se refiere. Así, compartiendo la información, se enriquece el propio punto de vista y se va asociando el vocabulario a cada referente. Se recomienda el uso del diccionario, así como de la lista de sustantivos y adjetivos de la actividad anterior.

Páginas 185 y 186 arriba. La segunda parte es un ejercicio de lectura para relacionar las imágenes con los títulos y los comentarios sobre los pintores. Puede dar pie a explicaciones más exhaustivas sobre el tema. En los últimos textos se recogen sustantivos vistos en la actividad 1: se puede pedir a los estudiantes que los localicen.

■ **IDEAS ALTERNATIVAS**

Como tarea posterior a la actividad, se puede proponer que los propios estudiantes busquen otros cuadros de pintores españoles y sudamericanos y hagan un breve comentario en el que, además de recoger información básica sobre autor, época, estilo y características generales, incluyan su valoración.

■ **SOLUCIONES**

Azul y saco: Antoni Tàpies, imagen 4.
Las Meninas: Velázquez, imagen 2.
Vendedoras de flores: Diego Rivera, imagen 3.
El intruso: Equipo Crónica, imagen 5.
Saturno devorando a sus hijos: Goya, imagen 7.
El niño de la barquita: Joaquín Sorolla, imagen 6.
Inmaculada Concepción: Murillo, imagen 1.

¡Vaya pantalla!

Conviene recordar la explicación en la unidad 1 sobre **¡Vaya cara!** En este caso, además, **vaya** y **pantalla** riman. Es el título de nuestro programa de radio (cinta de audiciones) sobre cine.

■ **OBJETIVOS**

Reconocer diferentes formas para valorar y comentar películas.

■ **PROCEDIMIENTO**

Es una audición que tiene una primera fase de preparación para facilitar la comprensión. El objetivo del concurso de radio es saber qué película obtiene más y menos votos. Por eso, hay que explicar antes cómo se puntúa cada valoración. Es muy importante señalar que la puntuación es totalmente arbitraria y no responde a un análisis detallado del valor de la apreciación de cada película: sólo pretende hacer una descripción de posibles recursos de valoración negativa (del 0 al 4) y positivos (del 6 al 10). Lógicamente el valor lo determina el uso en cada contexto, pero lo que aquí se pretende es situar al estudiante en una escala aproximada que le permita resolver la actividad. Después de explicar la tabla se pueden aclarar y comentar los títulos de las películas, más o menos conocidas por todos, escuchar el programa y, si fuera necesario, repetir la audición.

■ **IDEAS ALTERNATIVAS**

Después de saber cuál es la película ganadora y perdedora, se puede pasar a una puesta en común para comentar todas las películas, hablando sobre su nacionalidad, género, características, críticas, etc. También se puede preguntar a los estudiantes qué películas españolas o hispanoamericanas conocen y cuál es su título exacto en español.

■ **SOLUCIONES**

La película ganadora es *Blancanieves y los siete enanitos,* y la perdedora *Tiburón III.*

■ **REFERENTES CULTURALES**

Se mientan cuatro películas americanas, una alemana *(El cielo sobre Berlín),* una inglesa *(Una habitación con vistas),* otra china *(Adiós a mi concubina),* una italiana *(La dolce vita)* y otra rusa *(El acorazado Potemkin).*

TRANSCRIPCIÓN

LOCUTOR: Buenas noches... Esto es... ¡Vaya Pantalla! Buenas noches... Buenas noches a nuestros queridos oyentes de ¡Vaya pantalla!...Has sintonizado... aunque no te guste... Radiovox y éste es tu programa estrella de cine. Y hoy vamos a elegir la peor película de la historia del cine... Sí, como lo oyes, vamos a elegir la película más rollazo, más coñazo, más muermo, más aburrida de la historia del cine. ¿Y qué tienes que hacer? Pues llamarnos por teléfono y opinar sobre la película que te digamos. Tras un exhaustivo sondeo entre personalidades del mundillo del cine hemos seleccionado las diez películas más queridas y odiadas. Sólo podemos votar estas películas... Atención... toma nota: 1. *El Cielo sobre Berlín*. 2.*Tiburón III*. 3. *La Dolce Vita*. 4. *Casablanca*. 5. *Blanca Nieves y los Siete Enanitos*. 6. *Nueve semanas y media*. 7. *Lo que el viento se llevó*. 8. *El acorazado Potemkin*. 9. *Una habitación con vistas*. 10.*Adiós a mi concubina*. ¿Está claro? Pues ¡venga!, llámanos ahora mismo. Esto es... ¡Vaya Pantalla!

LOCUTOR: ¿Sí? ¿Dígame?
OYENTE A: Hola... No se oye bien.
LOCUTOR: ¡Hola! ¿Cómo te llamas?
OYENTE A: No se oye bien...
LOCUTOR: ¡Que cómo te llamas!
OYENTE A: ¡Ahora! Pues... Cati.
LOCUTOR: Muy bien, Cati, ¿qué te parece *El cielo sobre Berlín*?
OYENTE A: ¿*El cielo sobre Berlín*? Pues... no está mal... normal... ni fu ni fa... las hay mejores.
LOCUTOR: Muy bien. Gracias por tu sinceridad. Hasta luego.
OYENTE A: Perdona, es que quería votar más.
LOCUTOR: No, lo siento, no se puede.
OYENTE A: Bueno, pues saludar.
LOCUTOR: Tampoco. Hasta luego. Otra llamada.

OYENTE B: Hola.
LOCUTOR: Hola. ¿Cómo te llamas?
OYENTE B: Aldo... desde Melilla.
LOCUTOR: Muy bien Aldo. ¿Cuál es para ti la mejor película de nuestra lista?
OYENTE B: Mmm... pues... *Una habitación con vistas*.
LOCUTOR: ¿Seguro?
OYENTE B: Sí... seguro. Es una película preciosa, vaya... a mí me encanta.
LOCUTOR: Vale, muchas gracias. Hay gustos para todo. Otra llamada.

LOCUTOR: ¿Sí? ¿Me oyes?
OYENTE C: Sí... hola... Me llamo Lucía y quería votar a una película que me parece horrible, que es horrorosa... me parece la peor.
LOCUTOR: ¿Y cuál es?
OYENTE C: *Tiburón III*, yo la vi el verano pasado y me tuve que salir, es insoportable... horrible.
LOCUTOR: Vale, muchas gracias.
OYENTE C: Hasta luego.

OYENTE D: ¡Hola!
LOCUTOR: ¡Hola! ¿Cómo te llamas?
OYENTE D: Alejandro.
LOCUTOR: Perfecto, Alejandro. ¿Y tú a qué te dedicas?

OYENTE D: Soy profesor de lengua.
LOCUTOR: Entonces conocerás *El acorazado Pontemkin*.
OYENTE D: Claro. Es un muermo. No me gusta nada. Es muy pesada.
LOCUTOR: ¿Tú crees?
OYENTE D: Hombre... las hay peores... pero es muy pesada.
LOCUTOR: Tú verás. Muchas gracias. Hasta luego.
OYENTE D: Hasta luego.

LOCUTOR: Otra llamada.
OYENTE E: ¿Qué tal?
LOCUTOR: Muy bien, ¿y tú?
OYENTE E: Bien, aquí.
LOCUTOR: ¿Desde dónde nos llamas?
OYENTE E: Desde Castrourdiales.
LOCUTOR: Cerquita de Santander... paisano..., yo soy de allí.
OYENTE E: ¡Qué bien!
LOCUTOR: ¡Venga! ¿Cómo te llamas?
OYENTE E: Andrés.
LOCUTOR: De acuerdo Andrés. ¿Cuál es para ti la mejor película?
OYENTE E: La mejor película... es muy difícil... pero de estas diez yo me quedaba con *Blancanieves y los Siete Enanitos*. Es un peliculón. Me encanta. De pequeño fue la primera película que vi y me sigue gustando mucho. Un peliculón vaya...
LOCUTOR: Muchas gracias, Andrés. Nos encanta que la gente siga siendo como niños. Hasta siempre.

OYENTE F: ¡Hola!
LOCUTOR: ¡Hola! ¿Con quién hablo?
OYENTE F: Con Ana.
LOCUTOR: Vale, Ana. A ti... mmmm... ¿qué te parece *Nueve semanas y media*?
OYENTE F: La verdad... una tontería. Hay una canción que me gusta, pero el resto una tontería.
LOCUTOR: Lo tienes muy claro. A ver otra. ¿Y *La dolce vita*?
OYENTE F: ¡Ay! Ésta es alucinante. Me gusta muchísimo... Es de mis preferidas... Fellini es increíble.
LOCUTOR: ¡Qué sensible eres Ana! Muchas gracias.
OYENTE F: Hasta luego.
LOCUTOR: Hasta luego.

LOCUTOR: Hola. ¿Cómo te llamas?
OYENTE G: Ventura.
LOCUTOR: Muy bien, Ventura. Veamos... ¿has visto *Lo que el viento se llevó*?
OYENTE G: Claro. Es un rollazo.
LOCUTOR: ¿Un rollazo?
OYENTE G: Es un coñazo, con perdón. Es un folletín que no soporto.
LOCUTOR: Bueno... ¿Y a ti qué tipo de cine te gusta?
OYENTE G: Pues de todas éstas la que más me gusta es *Blanca Nieves y los Siete Enanitos*. Es genial... Es estupenda... genial... es increíble cómo se cuenta una historia tan simple con tanto cuidado. Es fantástica.
LOCUTOR: Muchísimas gracias, Ventura. Adiós.
OYENTE G: Hasta luego.

LOCUTOR: Muy bien... ¿Cómo va nuestro marcador? ¿Cuál será la película más votada? ¿Cuál será la menos votada? Pronto lo sabremos. Estás escuchando. ¡Vaya... Pantalla!

OYENTE H: Buenas noches.
LOCUTOR: Buenas noches. ¿Cuántos años tienes?
OYENTE H: Diez.
LOCUTOR: ¿Y qué haces que no estás durmiendo?
OYENTE H: Es que mis padres han salido y estoy escuchando la radio.
LOCUTOR: Ah, vale. ¿Cómo te llamas, guapo?
OYENTE H: Soy una niña.
LOCUTOR: Perdona. ¿Cómo te llamas bonita?
OYENTE H: Mari Carmen.
LOCUTOR: Vale, Mari Carmen. ¿Y cuál es tu película preferida?
OYENTE H: Yo quiero votar a *Casablanca.*
LOCUTOR: ¿Pero tú has visto *Casablanca*?
OYENTE H: No..., pero es la película que más le gusta a mi madre. Dice siempre que es muy bonita... que es preciosa, preciosa... y, como ha salido me dijo que si ponían el programa de ¡Vaya Pantalla!... pues me ha dejado el teléfono de la radio apuntado para que votara por ella. Lo tengo aquí escrito: "*Casablanca* que es preciosa".
LOCUTOR: ¡Qué buena hija eres Carmen! Pero a ti, de todas las películas que hemos dicho... ¿cuál es la que más te gusta?
OYENTE H: Pues... *Blancanieves y los Siete Enanitos* es alucinante.
LOCUTOR: ¿*Blanca Nieves...*?
OYENTE H: Es que las otras no las he visto... porque la de *El cielo sobre Berlín* me ha dicho mamá que es un rollo... Val(e)... ¿Ya está?
LOCUTOR: Vale, Mari Carmen. Muchas gracias... y ¡a la cama! Buenas noches.
OYENTE H: Adiós.

OYENTE I: Hola. Buenas noches.
LOCUTOR: Buenas noches. ¿Con quién hablo?
OYENTE I: Con Isabel.
LOCUTOR: Muy bien, Isabel. Y tú... ¿a quién votas?
OYENTE I: Pues una que no me gusta mucho es *Adiós a mi concubina.*
LOCUTOR: ¿Y por qué?
OYENTE I: No sé. Porque es un poco pesada.
LOCUTOR: Bueno. ¿Y cuál te gusta más?
OYENTE I: Ésta... la de *Una habitación con vistas*. Me encanta. Es un peliculón.
LOCUTOR: De acuerdo Isabel. Muchas gracias.

LOCUTOR: Otra llamada. ¿Sí?
OYENTE J: ¡Hola!
LOCUTOR: ¡Hola! ¿Cómo te llamas?
OYENTE J: José Plácido.
LOCUTOR: ¿José Plácido? ¡Qué nombre tan bonito! Yo tenía un canario que se llamaba así.
OYENTE J: ¿Ah sí?
LOCUTOR: Sí... se me murió... Muy bien, José Plácido. ¿Te gustan las películas musicales?
OYENTE J: Pues... no mucho.
LOCUTOR: ¿Y qué te parece *Nueve semanas y media*?
OYENTE J: Horrible, horrible... horrorosa. Es la que menos me gusta.
LOCUTOR: ¿De verdad?
OYENTE J: Sí, de verdad, sí, sí.
LOCUTOR: Bueno... bueno, bueno. ¿Y... *La Dolce vita*?
OYENTE J: No la he visto.

LOCUTOR:	¡Que no la has visto! ¡Vaya! Entonces... a ti te gusta Lo que el viento se llevó...
OYENTE J:	¡Qué va! Es una tontería.
LOCUTOR:	¿Una tontería *Lo que el viento se llevó*? Me sorprendéis... pero... éste es vuestro programa. ¿Qué película te gusta más entonces?
OYENTE J:	Pues... *Blancanieves y los Siete Enanitos*. Es un clásico... Es una película muy bonita.
LOCUTOR:	¡Madre mía! ¡Si los enanitos estuvieran escuchando eso...! Y se murieron sin conocer el éxito. Muchas gracias, José Plácido.
LOCUTOR:	Bien... Esto está muy claro... Pero todavía esperamos la última llamada de esta noche. ¿Sí?... ¿sí?
OYENTE K:	¿Es la radio?
LOCUTOR:	¡Claro...! Esto es ¡Vaya Pantalla!
OYENTE K:	Yo quería votar a las películas éstas de la lista...
LOCUTOR:	Perfecto, pues adelante.
OYENTE K:	La de *Casablanca* no me parece tan buena... Es pasable... ni fu ni fa. A mí me gustan más las de dibujos animados...
LOCUTOR:	¿Y qué te parece *Blanca Nieves y los Siete Enanitos*?
OYENTE K:	No la he visto.
LOCUTOR:	¿Y *Tiburón*?
OYENTE K:	¿*Tiburón*...? Es un rollazo... es muy mala.
LOCUTOR:	Pues muchísimas gracias... porque después de esta llamada ya sabemos cuáles son la película ganadora y la perdedora. No se vayan todavía. Esto es... ¡Vaya Pan... ta... lla!

■ CUADERNO DE EJERCICIOS

Ejercicio 6: práctica para comprobar la comprensión del vocabulario de la tabla de puntuaciones de la página 186.

Ejercicio 7: práctica de las formas de valoración vistas, pero aplicadas ahora a los gustos del estudiante.

De película

Lo pasamos de película, o sea, estupendamente bien. **Llevaba un coche de película**, un Porsche increíble. **Guada tiene una casa de película**, una mansión, vaya. El cine, el séptimo arte, es el arte de los sueños que provocan estas comparaciones.

■ OBJETIVOS

Proporcionar y clasificar vocabulario relacionado con el cine de acuerdo a las categorías que se presentan.

■ PROCEDIMIENTO

Individualmente o en parejas, el estudiante debe ordenar el vocabulario encajándolo en el apartado que le corresponda. Es aconsejable explicar antes los diferentes apartados para no inducir a error. Una puesta en común final puede dar la clave del significado de términos desconocidos. De todas maneras, es interesante que el estudiante haga sus hipótesis y después las corrobore. En esta actividad se activan las estrategias de definición en relación a un área temática muy específica, de manera que el uso del diccionario no tiene por qué ser una ayuda exclusiva. Es un ejercicio de presentación de vocabulario que podrá

después reconocer en los textos posteriores. Atención a la llamada para determinar el género de una película: de miedo, de vaqueros, de risa, de romanos, de amor, de guerra, de suspense, de animales, etc.
Después de completar la clasificación, se pueden añadir entre toda la clase más términos.

■ **SOLUCIONES**
Sinónimos de película: film, largometraje.
Tipos de película: melodrama, de ciencia ficción, de aventuras, comedia de enredo, de terror, fantástica, histórica, comedia, drama, musical.
Versiones: versión original, adaptación, subtitulada, doblada.
Historia: tema, guionista, guión, argumento.
Escenografía: decorado, ambientación, efectos especiales, maquillaje, banda sonora, vestuario, fotografía.
Público / crítica: fracaso, éxito.
Sala de cine: butaca, taquilla, pantalla, (la) cámara.
Personas y personajes: actor, actriz, director, productor, espectador, realizador, guionista, (el) cámara, protagonista.

■ **CUADERNO DE EJERCICIOS**
Ejercicio 9: práctica de comprensión del vocabulario nuevo en el contexto de una encuesta, con soluciones, planteado cómicamente.

En su salsa

Cuando **estás en tu salsa**, es que te sientes cómodo haciendo algo o estás en tu ambiente en un lugar. En este caso el vocabulario que hemos visto antes **está en su salsa**, es decir, los textos que se refieren al cine están en su contexto adecuado.

■ **OBJETIVOS**
Hacer consciente a los alumnos de la diferencia de recursos empleados en la lengua oral y en la escrita.

■ **PROCEDIMIENTO**
Es un ejercicio de lectura en el que se le pide al estudiante que compare el texto escrito (página 189) y el oral correspondiente (página 190). A fin de que se preste más atención a las correspondencias, al final (página 190, abajo) se proporciona un espacio para que, después de haber leído y comprendido los textos, vuelvan a ellos e intenten completar las equivalencias. Ahora bien, no son correspondencias sintácticas ni posibilidades idénticas. El alumno tiene que investigar en los textos dónde y cómo se representan ideas similares. Además, no están en orden. La audición es otro apoyo para evidenciar el valor de los enunciados en boca del hablante. Escuchar la audición "a pelo", sin el texto, puede ser frustrante para los alumnos. Insistimos en que sólo está presente como modelo oral.
El tratamiento de los textos escritos puede tener muchas vías. Se puede pedir al estudiante que subraye los términos relacionados con el cine, así como instar a que reconozca el significado de las palabras desconocidas a través del contexto.

La inspección de los textos puede dar lugar a las más variadas explicaciones sobre los diferentes niveles de uso. Como ejemplo, aun siendo equivalentes, no es igual decir: **divertirse / reírse / partirse de risa / dar un ataque de risa**. Son niveles de énfasis, uso y registro bien diferentes. Los textos son, pues, una excusa para tratar aquellos aspectos que el nivel y características del grupo necesite.

■ SOLUCIONES

...una divertida comedia loca y descarada	te partes de risa... me dio un ataque de risa.
una frase aguda, un gesto inesperado, un toque ingenioso y sutil	tiene golpes buenísimos.
...un cine diferente, de un estilo personal con sello Almodóvar	se sale de lo corriente.
Es, pues, más suave y provocadora que otras	no es tan borde, ni tiene escenas tan fuertes como en otras películas.
interpretada de forma magistral por María Barranco	María Barranco lo hace estupendamente.
...mantiene el interés del espectador en todo momento	la película engancha, estás metido en la historia.

■ REFERENTES CULTURALES

La película que consagró a Pedro Almodóvar dentro y fuera de España siempre es un buen estímulo de conversación. ¿Es diferente también España en su cine? La estética del esperpento hispano: la visión de los factores más expresivos y su uso como golpe de efecto puede ser una buena clave para interpretar este cine que, desde una estética más objetivista, puede ser raro y superficial. Es un ejemplo de posmodernidad: el pastiche y la disolución de los géneros. Almodóvar es el director más representativo de la "movida madrileña" surgida a raíz de la transición democrática que dio alas a un nuevo lenguaje de una generación que vive en libertad.

■ CUADERNO DE EJERCICIOS

Ejercicio 8: tiene idéntico planteamiento y puede servir como tarea de casa después de haber resuelto el del *Libro del Alumno* en clase.

Critica, que algo queda

Hace referencia al dicho "calumnia, que algo queda" y a la idea de que, por hacer daño, no quede, es decir, que criticar y calumniar, aun siendo falso siempre tiene su efecto. En nuestro caso, se juega con criticar y hacer o escribir críticas de cine.

■ OBJETIVOS

Proporcionar modelos para la creación de un texto formal, en concreto, de una crítica de cine, estructurando los niveles de información.

■ PROCEDIMIENTO

Como se dice en las instrucciones, lo que pretende la actividad es poner en orden un poco las ideas, ofreciendo al estudiante un posible esquema que le sirva de apoyo en su producción. Insistimos en que es sólo un esquema propuesto (y no la única forma) que puede servir al estudiante de guía para recuperar el vocabulario visto hasta este momento referido al cine, y escribir adecuadamente un texto de estas características. Puede servir para cualquier crítica de cualquier película. Se ha proporcionado un ejemplo, el comentario y grabación de la película E.T., conocida por millones de espectadores, como estímulo y referente en el caso de que la memoria cinematográfica flaquee. Ahora bien, se puede ofrecer la oportunidad a los estudiantes de que compongan la crítica de una película que les guste especialmente para que estén más motivados. El objetivo del ejercicio no es sólo crear un texto, sino más bien enseñar a escribir. Hay que advertir al estudiante, como vimos en el ejercicio 6, que no se puede escribir como hablamos. No estaría de más, al explicar este esquema, añadir características que diferencian al lenguaje escrito del oral, a saber: no está sujeto a presiones temporales, el lenguaje tiene que estar más estructurado, hay posibilidad de comprobación y corrección previa a la emisión, está planificado, la sintaxis es mucho más compleja, es estática y artificial, y, finalmente, el mensaje es más explícito y extenso.

Un poco de literatura

■ OBJETIVOS

Comprender el valor del lenguaje poético participando en la creación de imágenes en un poema.

■ PROCEDIMIENTO

Se propone a los estudiantes que participen en el poema de Octavio Paz completando los adjetivos que faltan. Se plantea como un juego, de modo que prueben a producir efectos de sentido con las asociaciones que a ellos les provoquen esos elementos. Es un ejercicio abierto, o sea, de creación, donde no se busca una solución cerrada ni unívoca, sino todo lo contrario: negociar las diferentes posibilidades que proporciona el lenguaje en un contexto, el mundo poético, donde todo llega a ser posible. La discusión final de las diferentes versiones puede enriquecer enormemente la comprensión global del texto, de manera que la versión original debería reservarse para el final, ya que sirve como contraste a la hipótesis inicial.

■ REFERENTES CULTURALES

El autor del poema, Octavio Paz (n. 1914), literato y crítico mexicano merecedor del Nobel de Literatura, es uno de los mejores conocedores del lenguaje artístico de la vanguardia de principios de siglo y un pionero en los usos poéticos del castellano actual.
Aparte de esto, de nuevo vuelve el tema de la determinación cultural y psicológica de los colores. ¿Por qué una mirada verde? ¿Por qué no?

SI TÚ ME DICES VEN

¿De dónde venimos? ¿Adónde vamos?

Nombre: ....

Apellido: ....

Fecha: ....

Curso: ....

UNO. Seguro que conoces algunas supersticiones. ¿Cuántas puedes recordar?

DOS. A Rosana, a Rosa y a Ana las han invitado a una fiesta a las ocho. Observa los comentarios que hacen e intenta explicar la posibilidad de que vayan o no.

Rosana: Si acabo de estudiar a las ocho, voy.

Rosa: Si viniera Alejandro antes de las ocho, iríamos.

Ana: Si lo hubiera sabido antes, no habría quedado a las ocho.

TRES. ¿Sabes cómo continúan estos refranes en español?

› Hablando del rey de Roma, ...

› Año de nieves, ...

› Más vale pájaro en mano, ...

CUATRO. Una de estas frases es muy extraña. ¿Cuál? ¿Por qué?

› Todos los hermanos se parecen mucho en el carácter, aunque físicamente son muy diferentes.

› Ya sé que es muy caro, pero aunque fuera caro, me lo voy a comprar.

● Pero es que siempre me está diciendo que me quiere.
○ Sí, pero aunque te lo diga, no te lo creas

SI TÚ ME DICES VEN

Es el título de un bolero muy popular en España, sobre todo en la versión de "Los Panchos".

■ OBJETIVOS

Conseguir que el alumno adquiera seguridad en el manejo de los recursos para expresar condiciones e iniciarlo en los valores pragmáticos que encierra su uso. Hacerlo consciente de las implicaciones que se derivan del empleo de un determinado tiempo verbal en las construcciones con **aunque**, como fórmula para rechazar objeciones. Familiarizarlo con algunos de los refranes más usados en español.

■ CONTENIDOS FORMALES

Oraciones temporales (**cuando** + *Subjuntivo*) y condicionales (**si** + *Indicativo* / **si** + *Imperfecto / Pluscuamperfecto de Subjuntivo*): uso contrastivo. Oraciones concesivas: contraste modal y temporal. Vocabulario de supersticiones y refranes.

■ DEBATE

Superstición-religiosidad-ciencia.
El debate se puede comenzar planteando una serie de preguntas como las siguientes:
Hay sociólogos que relacionan la pérdida de los valores religiosos y morales en este fin de milenio con la moda del esoterismo (interés por la astrología, el tarot, los fenómenos paranormales, OVNI, etc.), ¿qué crees que hay de cierto en esta afirmación? ¿Tú crees en estas cosas? ¿Has tenido experiencias o te gustaría experiementar algún fenómeno de este tipo?

Tocar madera

Es una expresión que se refiere al hecho de tocar madera como remedio contra la mala suerte. Al parecer, proviene de una tradición nórdica: los guerreros antes de ir a la batalla tocaban los troncos de los árboles para recibir la fuerza y la protección de los espíritus que vivían en ellos.

■ OBJETIVO

Plantear un contexto -hablar de supersticiones-, asociado a la expresión de la condición, en el que surjan de forma natural las estructuras que a continuación se presentan. Se pretende así crear un marco de comunicación real donde cada alumno pueda aportar su propio conocimiento, prestando en este primer momento de la secuencia mayor atención al contenido que a la forma en que lo expresa.

■ PROCEDIMIENTO

Por parejas, deben identificar como positivos o negativos, marcándolos con un signo + o -, una serie de objetos asociados con las supersticiones y tratar de reconstruir las circunstancias en que dichos objetos traen buena o mala suerte. Para ello pueden ayudarse con las expresiones que aparecen a continuación y que previamente deben casar. Después, se ponen en común. Es conveniente estimular la conversación, pues siempre surgen variaciones por países o zonas de un mismo país.

Se sigue el mismo mecanismo con otra serie de circunstancias que se asocian no sólo a la buena o mala suerte sino a significados más concretos, aunque esta vez se hace de forma expresa la formulación de la superstición introducida por **cuando** o **si**. Esto da pie a preguntar también por supersticiones o manías personales.
Por último, dentro del mismo contexto de hablar de supersticiones, se vuelve a incidir en el uso de las condicionales con la canción *Tocar madera*. Deben leer la letra, completar los espacios en blanco con las expresiones del recuadro y confirmar sus respuestas cuando oyen la canción.

■ REFERENCIAS CULTURALES

Comerse doce uvas el día de Nochevieja: La noche del día 31 de Diciembre, a las doce, es costumbre en toda España comerse doce uvas, al son de las doce campanadas del reloj. Cada uva representa suerte para cada mes del año.
El martes: mientras en otros países el día fatídico es el viernes (día en que murió Cristo), en España es el martes, sobre todo si es 13. El origen de esta superstición se encuentra en la terrible derrota que sufrió un martes en Játiva, Jaime I el Conquistador. El martes, además, está asociado al dios de la guerra, Marte, y la guerra significa muerte. Hay un refrán español que dice "El martes, ni te cases ni te embarques".
El gato negro: Según las leyendas son compañeros de brujas y curanderas, que se convierten en uno de estos animales para colarse en las casas y hacer enfermar a personas y animales. Pero esta superstición no es general, porque en algunos pueblos de Aragón, Navarra y el País Vasco existe la creencia de que traen buena suerte. Su mala fama la comparten otros animales de ese color que, dicen las leyendas, eran blancos hasta que desobedecieron a Noé y no regresaron al Arca.
Derramar la sal: La sal era en la Edad Media un producto caro y muy escaso hasta el punto de llegar a ser valor de cambio, de ahí la palabra "salario". Es también el símbolo de la amistad. Si se derrama, la amistad se rompe.

Si yo fuera rico...

Es el título del tema musical más conocido de la película americana de los años 70 *El violinista en el tejado*, que ha conocido diferentes versiones en español.

■ OBJETIVOS

Se pretende que el alumno sea capaz, por una parte, de interpretar el grado de probabilidad de que se realice una acción que un interlocutor otorga a su enunciado según la estructura que éste elige para ello, y por otra, que una vez conocidos los mecanismos para establecer el grado de probabilidad de la condición, pueda producir enunciados adecuados al contexto y a su propia valoración sobre el cumplimiento de una acción. Recordar y poner en práctica estructuras temporales con cuando y condicionales con si con referencia al futuro.

■ PROCEDIMIENTO

Página 196. Se les plantea a los alumnos una situación imaginaria: tienen que cambiarse de piso y piden ayuda a tres amigas -Esperanza, Angustias y Milagros-

Según sus respuestas deben decidir cuál de ellas es más probable que les ayude y cuál menos y explicar la razón.
La "probabilidad subjetiva" se refiere al grado de probabilidad con que el hablante contempla lo expresado en el verbo condicionado. Esto quiere decir que: a) en las estructura **cuando** + *Subjuntivo* el hablante remite a un momento desconocido del futuro la realización de una acción que no pone en duda (lo dudoso es el momento); b) en **si** + *Indicativo* la condición explícita pone ya en duda la realización del verbo, aunque el uso del indicativo la sitúa en una posibilidad media (50%); y c) en el caso del *Imperfecto de Subjuntivo* el modo y el tiempo responden a una baja o nula (25%-0%) creencia en la posibilidad de que la acción se cumpla.
Página 197 arriba. Para comprobar que los alumnos han comprendido el esquema se les pide que, por parejas o pequeños grupos, asignen un nombre o adjetivo que califique a las personas que han dicho una serie de frases o, en su defecto, que expliquen por qué son chocantes. Atribuir determinado calificativo supone reconocer la probabilidad subjetiva que el hablante otorga a lo que dice, es decir, comprender el valor pragmático de cada enunciado. Conviene advertir que son un poco extraños, pero que se pueden producir en contextos muy determinados, y que no existe una única solución.
Por último se les invita a que modifiquen las frases que consideren de forma que respondan a un contexto más lógico.
Página 197 abajo. La siguiente actividad es una práctica de las estructuras anteriores. Deben tomar nota de las respuestas del compañero a una serie de preguntas dadas y a otras tres que deben inventar ellos, y comentarlas seguidamente con el resto de la clase. Para la puesta en común, conviene seleccionar las que dan más juego. En las respuestas pueden utilizar además de las estructuras anteriores otras que expresan condiciones muy poco probables y que se presentan en el esquema de la página 198, al final de la actividad. Compruebe, antes de empezar el ejercicio, que entienden su significado y cómo se usan. Haga notar además la importancia de que sus respuestas se adecúen a las preguntas sin romper la presunción implícita que éstas suponen o, en caso de hacerlo, que sean conscientes de ello. Por ejemplo:

2. ●¿Qué vas a hacer cuando sepas español perfectamente?
❍ (Cuando sepa español perfectamente) aprenderé japonés.
➡ No rompe la presuposición implícita en la pregunta de que va a saber español perfectamente.
❍ Si alguna vez aprendiera español perfectamente, aprendería japonés.
➡ Rompe dicha presuposición.

■ SOLUCIONES

Página 196:
Milagros va a ayudarle, aunque no sabe el momento exacto en que lo hará (cuando termine el trabajo). Angustias no sabe si va a ayudarle o no. Esperanza, es casi seguro que no le va a ayudar.
Página 197 arriba:
1. El hablante usa la estructura **cuando** + *Presente de Subjuntivo* (probabilidad subjetiva del 100%). Está convencido, pues, de que le va a tocar la lotería, por lo que podemos calificarlo de OPTIMISTA. Sería más lógico "Si me tocara la lotería, me compraría un cortijo".

2. El hablante no bebe alcohol y no cree que vaya a hacerlo nunca (probabilidad subjetiva 0%-25%). Se puede decir que es un ABSTEMIO.
3. El hablante, a pesar de tener 1000 millones en el banco, piensa que no es rico, pues usa **si** + *Imperfecto de Subjuntivo*. Podríamos decir que es un AVARICIOSO: cree que lo que tiene no es suficiente para considerarse rico.
4. El hablante piensa que tiene un 50% de posibilidades de ir a Marte, pues usa **si** + *Presente de Subjuntivo*, por lo que es un ILUSO, a no ser que sea ASTRONAUTA.
5. El hablante piensa que hay muy poca probabilidad de que aprenda el subjuntivo (0%-25%). Se puede decir que es PESIMISTA -desde el punto de vista del profesor- o REALISTA -desde el punto de vista de algunos alumnos.
6. El hablante está convencido de que va a conseguir llegar a presidente, aunque ahora pide dinero en la calle. Se le puede calificar de VISIONARIO o de LOCO.
7. El hablante está convencido de algún día va a haber justicia en el mundo. Podemos calificarlo de IDEALISTA.
8. El hablante cree que hay bastantes posibilidades de que se ponga enfermo (sobre un 50%). Se puede decir que es un HIPOCONDRÍACO o un ENFERMO CRÓNICO.
9. El hablante piensa que es poco probable que haga frío en Alaska, con lo que da muestras de desconocer qué es Alaska y dónde está. Podríamos decir que es un IGNORANTE.

■ **REFERENTES CULTURALES**

A propósito de los nombre Milagros, Angustias y Esperanza, utilizados al principio de la unidad, puede ser interesante explicar a los alumnos que existen en España e Hispanoamérica abundantes nombres como estos, por muy extraños que puedan parecer, motivados por la secular devoción hispana hacia la Virgen María en sus distintas advocaciones. Otros semejantes son Dolores, Remedios, Auxilio, Socorro, Presentación, Encarnación, Concepción, Purificación, Asunción, Rocío, Candelaria, etc.

■ **CUADERNO DE EJERCICIOS**

Ejercicio 3: transformar frases condicionales para adecuarse a la intención del hablante.

Si fuera...

■ **OBJETIVOS**

Conseguir que automaticen la estructura **si** + *Imperfecto de Subjuntivo, Condicional*, en el contexto de un juego.

■ **PROCEDIMIENTO**

Siga las instrucciones del *Libro del Alumno*.

■ **IDEAS ALTERNATIVAS**

Se pueden utilizar compañeros de la clase o personas famosas.

■ **CUADERNO DE EJERCICIOS**

Ejercicio 1: seleccionar el tiempo verbal en estructuras condicionales.
Ejercicio 2: practicar la correlación verbal en las estructuras condicionales mediante la continuación de frases incompletas.

4. Lo que pudo haber sido y no fue

■ **OBJETIVO**

Página 200. Ampliar la sistematización anterior a las condicionales poco probables o imposibles -con referencia al pasado-, insistiendo en el grado de probabilidad subjetiva que determina la elección de cada estructura y haciendo notar el tiempo sobre el que tiene efecto el verbo condicionado.
Página 201. Puesta en práctica y automatización de lo anterior.

■ **PROCEDIMIENTO**

Lo primero que los alumnos deben hacer es asociar los ejemplos a), b), c) y d) con las estructuras del esquema.
Páginas 200 abajo y 201 arriba. En segundo lugar, se les pide que escriban dos cosas positivas que les han ocurrido en su vida y otras dos negativas. Adviértales que no se trata de usar todavía las estructuras anteriores y que pueden usar, por ejemplo, *infinitivos:* **conocer a Karen, comprarme un Ferrari**... Después, por parejas, deben comentar qué habría cambiado en el pasado o en su vida actual si las cosas hubieran sido de otro modo y tomar nota de los comentarios para contárselo al resto de la clase: **Si no hubiera conocido a Karen,... Si no me hubiera comprado el Ferrari...**
Al principio, o bien en una posible puesta en común posterior, llame la atención sobre el hecho de que uso del *Condicional Simple* en la consecuencia significará que esa acción afecta al presente, mientras que el *Condicional Compuesto* o *Pluscuamperfecto de Subjuntivo* sitúa la consecuencia en el pasado.Si sus alumnos no han tenido mucho contacto previo con estas formas, puede utilizar como ejemplo inicial el texto de la actividad 5 antes de pedirles esta práctica.
Página 201 abajo. La tercera parte de la secuencia consiste en construir series lógicas entre todos los miembros de la clase.
Es aconsejable que piensen frases sobre hechos históricos o conocidos por todos para que sea más fácil seguir la cadena. Para evitar cerrar la cadena demasiado pronto, conviene pedirles que piensen en los efectos del hecho mencionado sobre el pasado y que no lleguen a sus consecuencias en el presente hasta el final. Escriba la frase inicial en la pizarra. Puede ser divertido comprobar cómo encaja la primera condición con la última consecuencia.
Si la rapidez de formulación que exige hacerlo toda la clase fuera un obstáculo para sus alumnos, pida que se elaboren las secuencias en grupos de tres o cuatro, controle cómo se trabaja en cada uno de ellos y finalmente ponga en común el resultado de cada grupo: la condición inicial y la última consecuencia pueden ser suficientes.

5. La vida es una tómbola

Es el título de una canción que cantaba en una película Marisol, una niña actriz que se hizo muy popular en los años 60, y hace referencia al hecho de que la vida es como una tómbola donde todo depende de la suerte que a cada uno le toca: el azar determina lo que nos va a pasar, que no siempre es lo que queremos.

OBJETIVOS

Ofrecer a los alumnos un ejemplo de uso de las condicionales imposibles y promover su práctica.

PROCEDIMIENTO

El ejemplo ("Esta es una de las vidas...") parte de un hecho imposible: los padres del Sr. Gila no eran realmente pobres. De la misma manera, en la historia del Sr. Gila, los alumnos, individualmente o por parejas, pueden elegir otro hecho, cambiarlo y llegar a otras consecuencias. Por ejemplo: **Si no hubieran querido que estudiara, habría trabajado en... y ahora...** Al final se pueden comparar las situaciones actuales a las que habría llegado nuestro personaje.

CUADERNO DE EJERCICIOS

Ejercicio 4: practicar de las condicionales de pasado a partir de imágenes.
Ejercicio 5: reflexionar sobre el momento en el que se realiza una acción y la probabilidad de que se cumpla.
Ejercicio 6: practicar con un compañero los recursos para expresar condiciones.

No por mucho madrugar amanece más temprano

Es un refrán con el que se critica la impaciencia por que algo suceda cuanto antes y recoge la filosofía popular de que todo necesita su tiempo o de que sucederá cuando haya de suceder. Puede parafrasearse así: aunque madrugues, no amanecerá más temprano.

OBJETIVOS

Se trata no sólo de que conozcan algunos de los muchos refranes que existen en español y de cómo y en qué ocasiones se usan, sino también de ofrecer un marco de comunicación en el que discutir y negociar significados y hacer hipótesis sobre el sentido de expresiones o palabras que desconocen por el contexto en que aparecen y las definiciones a las que se asocian.

PROCEDIMIENTO

Los alumnos deben asociar la primera parte del refrán con su continuación y explicación correspondiente. Pueden hacerlo por parejas o bien primero de forma individual y contrastar a continuación sus respuestas con las de su compañero. Insista en el hecho de que, en el uso nativo, en muchas ocasiones es suficiente con enunciar la primera parte del refrán.
Página 204 abajo. Se les ofrece una lista con otros refranes, dejando la posibilidad de que pregunten o busquen el significado si tienen interés, o bien que intenten encontrar equivalentes en su propia lengua.

SOLUCIONES

Páginas 203 Y 204 arriba:

1. A río revuelto, ganancia de pescadores. Explicación: En una situación complicada, son los expertos o los más astutos los que sacan provecho de ella.
2. Quien a buen árbol se arrima, buena sombra le cobija. Explicación: En este mundo...
3. Cuando el río suena, agua y piedras lleva.Explicación: Se usa para constatar...

4. A caballo regalado, no le mires el diente. Explicación: No pongas pegas...
5. Más vale lo malo conocido que lo bueno por conocer. Explicación: Mejor conformarse...
6. Año de nieves, año de bienes. Explicación: Los campesinos creen...
7. No está hecha la miel para la boca del burro.Explicación: Hay cosas que ciertas personas...
8. Más vale pájaro en mano que ciento volando. Explicación: Hay que ser práctico...
9. Cuando las barbas de tu vecino veas cortar, pon las tuyas a remojar. Explicación: Ten cuidado porque...
10. El que avisa no es traidor. Explicación: Haz siempre caso...

Página 204 abajo:
1. En casa del herrero, cuchara de palo. Explicación: Donde es esperable que haya o pase algo, no lo hay o no sucede.
2. Dos son compañía, tres son multitud. Explicación: Hay cosas que son sólo para dos personas.
3. De grandes cenas están las sepulturas llenas. Explicación: Las cenas abundantes no son sanas.
4. Quien bien te quiere te hará llorar. Explicación: Querer bien a alguien en determinado momento conlleva decirle o hacerle algo que pueda hacerle llorar, pero siempre será por su bien.
5. Dime con quién andas y te diré quién eres. Explicación: Se puede clasificar y calificar a alguien según las compañías que frecuenta.
6. Perro ladrador, poco mordedor. Explicación: El que grita mucho y amenaza con lo que va a hacer, casi siempre es inofensivo, la fuerza se le va por la boca, y al final todo se queda en voces.
7. A quien madruga Dios le ayuda. Explicación: A quien hace las cosas con tiempo suficiente le salen mejor.
8. No por mucho madrugar amanece más temprano. Explicación: No basta con querer que las cosas estén antes para que efectivamente lo estén. Todo necesita su tiempo y de nada sirve impacientarse porque no ocurra cuando uno lo desea.
9. Aunque la mona se vista de seda, mona se queda. Explicación: Hay cosas negativas tan evidentes que no se pueden ocultar o disimular tras las apariencias.
10. Quien siembra vientos recoge tempestades. Explicación: A quien hace el mal, con mayor fuerza éste se vuelve contra él.
11. Dime de qué presumes y te diré de qué careces. Explicación: Si se presume demasiado de algo, probablemente será porque no se tienes y se intenta disimular así su carencia.
12. Nunca digas "de este agua no beberé". Explicación: No digas que nunca vas a hacer algo, porque la vida es muy larga y nunca se sabe qué pueden obligarte a hacer las circunstancias.
13. Agua que no has de beber, déjala correr. Explicación: Si no te interesa una cosa, deja que otro la aproveche, no la malgastes.

■ **CUADERNO DE EJERCICIOS**

Ejercicio 7: analizar y crear los contextos apropiados para el uso de una serie de refranes.

¿Qué más da?

Es una expresión que significa 'da igual' y viene a decir "no estoy de acuerdo con la apreciación que acabas de hacer, creo que, entre las alternativas que presentas, es indiferente una cosa u otra". Por ejemplo:

● Es mejor lavar antes los vasos y después los platos.
○ ¿Qué más da? ¡Lo importante es dejarlo todo limpio!

■ **OBJETIVO**

Presentar las implicaciones que comporta el uso del modo y tiempo verbal en las construcciones con **aunque**.

■ **PROCEDIMIENTO**

Se pide a dos alumnos que dramaticen el diálogo con la intención de hacer evidente la falta de adecuación del estilo utilizado, tratándose de una conversación. Después, por parejas, deben 1) comprobar si el diálogo que aparece a continuación recoge toda la información anterior, 2) intentar explicar el significado de **aunque** a partir del contexto o recurriendo, si quieren, a la traducción en su lengua, e inmediatamente después 3) buscar las palabras que expresan el contenido de **aunque** en el primer diálogo ("tengo que rechazar que este hecho sea un obstáculo", "no importa que coma más o menos").
Página 206. El cuadro explica la diferente implicación de los enunciados con **aunque** según el verbo que introduce. Conviene llamar la atención sobre el hecho de que el uso de *Subjuntivo* no significa necesariamente duda, valor que suele atribuirse a este modo, y de que es el contexto el que permite interpretar el enunciado **aunque coma** como aceptación del hecho o como duda:
En la columna central: **sí, aunque coma...**
En la columna de la derecha: **no lo sé, pero aunque coma...**

¡Vale la pena!

Expresión para subrayar que se puede dar por bien empleado el esfuerzo que supone hacer una cosa.

■ **OBJETIVO**

Hacer consciente al alumno de las implicaciones que se derivan del empleo de un determinado tiempo verbal en las construcciones con **aunque**, como fórmula para rechazar objeciones.

■ **PROCEDIMIENTO**

El alumno debe identificarse con Francisco y, quitándoles importancia, rechazar las objeciones de sus amigos, utilizando siempre que sea posible la estructura **aunque** + *Imperfecto de Subjuntivo*. Dicha estructura es la que desestima con más fuerza la objeción, pues pone de manifiesto que el

hablante duda mucho de la verosimilitud o de la probabilidad de su contenido, o está seguro de lo contrario. Por ejemplo: "Igual nos quedamos sin comida y tenemos que alimentarnos con hierbas".
Francisco considera que esto es poco probable (en el esquema Sé que no o no estoy seguro, pero me parece improbable), por lo que puede desestimar la objeción con **aunque** + *Imperfecto de Subjuntivo.* "Aunque nos quedáramos sin comida y tuviéramos que alimentarnos con hierbas (...vale la pena ir)".
Sin embargo, no siempre es posible utilizar este tiempo. Ante la objeción "Es que está muy lejos", Francisco no puede dejar de reconocer que es cierto -España está lejos del Amazonas- (en el esquema corresponde al epígrafe "Sé que sí"), él comparte esa información con su interlocutor, pero no quiere tenerla en cuenta. Para desestimar la objeción de su amigo no puede utilizar **aunque** + *Imperfecto de Subjuntivo* "Aunque estuviera muy lejos", pues su uso implica que el hablante duda mucho del contenido de la proposición
encabezada por aunque, o sabe que no es verdad. De esta forma se produciría una contradicción entre el conocimiento de la realidad de Francisco y las implicaciones de su enunciado. Así que tiene que rechazar la objeción con la construcción **aunque** + *Presente de Subjuntivo,* "Aunque esté muy lejos", que pragmáticamente viene a decir que Francisco sabe que está muy lejos -en eso está de acuerdo con su amigo-, pero que, en cualquier caso, no le parece razón suficiente para no ir.
La reflexión que propone esta actividad se centra en la oposición **aunque** + *Presente / Imperfecto de Subjuntivo.* El uso del *Indicativo* está descartado por tratarse de referencias a un contexto inmediato, donde el verbo, por tanto, no pretende ser informativo.
Página 208 arriba. La segunda parte de la actividad, una vez que los alumnos han asimilado las distintas implicaciones que se derivan del uso del tiempo y modo en las estructuras con **aunque**, consiste en poner en práctica lo que han aprendido: a saber, rechazar las objeciones que los demás plantean a una determinada propuesta, teniendo en cuenta hasta qué punto comparten información.

■ SOLUCIONES

¡Aunque encontráramos animales salvajes!, ¡Aunque no nos hayamos preparado!
¡Aunque no podamos ver la televisión!, ¡Aunque nos perdiéramos!
¡Aunque tuviéramos que meternos en el agua!, ¡Aunque esté muy lejos!
¡Aunque no la conozcamos!, ¡Aunque sea un poco caro!
¡Aunque nos quedáramos sin comida y tuviéramos que alimentarnos con hierba!

La herencia de la tía Angelita

■ OBJETIVOS

Plantear un contexto apropiado para el uso de recursos para poner objeciones -equivalentes a **aunque**- y que son propios de la lengua escrita o del registro formal, así como el de otros recursos para condicionar el cumplimiento futuro de una acción, que sugieren igualmente un estilo cuidado.

■ PROCEDIMIENTO

En parejas o en grupos pequeños, deben redactar un testamento del que poseen ya las primeras líneas. Han de repartir la lista de posesiones de la tía Angelita entre sus parientes, intentando imaginar cuáles serían sus deseos y siendo fieles a su intención manifiesta de fastidiarlos, así como al tono y a la forma que ella quería dar a la redacción: es decir, tienen que poner condiciones (**con tal de que, a condición de que,** etc.) para que los herederos reciban la herencia, de manera que hagan explícita la voluntad malévola de la tía Angelita acompañando cada una de las frases donde les dice lo que les deja con otra encabezada por **aunque, a pesar de, si bien**, etc. Por ejemplo: "Aunque no le guste el campo, le dejo el cortijo de Jaén a Concha".

Con objeto de darle a la redacción el carácter formal que exigen los testamentos, se presentan en el esquema final algunas construcciones equivalentes a las concesivas con **aunque**, más propias de textos escritos, y algunos recursos para establecer condiciones que han de cumplirse necesariamente. Antes de empezar la tarea, llame la atención sobre su significado y cómo se usan.

Los alumnos pueden añadir algunos objetos que consideren interesantes a la lista de pertenencias de la tía Angelita.

REFERENTES CULTURALES

Cortijo: Finca rústica con casa para los propietarios, típica de Andalucía y Extremadura.

CUADERNO DE EJERCICIOS

Ejercicio 8: redactar textos de carácter formal a partir de un modelo con objeto de practicar los recursos para expresar condiciones necesarias y para desestimar objeciones.

Un poco de literatura

OBJETIVOS

Comprender y comentar el contenido y el valor poético de un texto literario e iniciar una discusión a partir de él.

PROCEDIMIENTO

Tras la lectura comprensiva del texto y resolución de los problemas que la dificulten (aclaración del léxico, estructuras, referentes, etc.), en un segundo momento se trata de responder a la pregunta planteada de por qué Cernuda no alude directamente al referente de su amor.

En el momento en que se considere más oportuno, según se desarrolle la conversación en clase, conviene llamar la atención sobre expresiones equivalentes a 'estar enamorado': **tener un lío con, querer a, estar loco por, no poder vivir sin alguien**...

Por último, en las instrucciones se alude a varios fragmentos que pueden suscitar diferentes interpretaciones para que los alumnos decidan con cuál están más de acuerdo.

SOLUCIONES

Quería a un hombre, era homosexual. El título de la antología poética de Luis Cernuda (1902-1963), *La realidad y el deseo*, respondería también a la tensión entre su identidad homosexual y la sociedad que censura los deseos del hombre.

AQUÍ TE PILLO, AQUÍ TE MATO

CULTURA - Unidades 1-6

1. Uno no es pintor.
a. Dalí. b. Gaudí.
c. Picasso. d. Murillo.

2. Si le digo a Diego que está gordito es porque...
a. está gordo, pero es chiquito.
b. está gordo pero no lo parece.
c. está gordo, pero, como lo quiero mucho, no quiero que se enfade.
d. no está gordo, es gordo.

3. Sin embargo, el gordo...
a. es el premio más importante de la lotería.
b. es el gordo que no le importa serlo.
c. es la lotería que nunca toca.
d. es el que juega mucho a la lotería.

4. Hay un nombre masculino que...
a. en español es Carles y en catalán es Carlos.
b. en español es Carlos y en catalán es Carles.
c. en español y en catalán es Carles.
d. en español y en catalán es Carlos.

5. En muchas casas españolas no hay calefacción, sobre todo en el sur, pero usan braseros eléctricos debajo de las mesas...
a. camas. b. sillas.
c. sillillas. d. camillas.

6. La mili en España es...
a. una institución benéfica. b. el servicio militar que hacen los jóvenes.
c. un billete de mil pesetas. d. el ejército.

7. Cuando te dan las uvas,
a. es que te invitan a vino el día de Año Nuevo.
b. es que te hacen llegar tarde a la fiesta de Año Nuevo.
c. es que te retrasas mucho.
d. es que es la fiesta de Año Nuevo.

8. Un chorizo y un ladrón...
a. son lo mismo, pero chorizo es una palabra muy coloquial y ladrón vale en cualquier situación.
b. son lo mismo, pero ladrón es una palabra más vulgar.
c. no son lo mismo: el chorizo es de carne de cerdo y el ladrón es de vaca.
d. son lo mismo.

9. Uno no es escritor.
a. Isabel Allende. b. Pedro Salinas.
c. Emiliano Zapata. d. Francisco de Quevedo.

10. ¿Quién es Pedro Picapiedra?
a. Un pseudónimo de Pedro Antonio de Alarcón.
b. Un personaje de una novela de Pedro Antonio de Alarcón.
c. Un personaje de dibujos animados.
d. Un nombre popular que designa al español típico.

11. Al-Andalus es el nombre...
a. de España en tiempos de los romanos.
b. de la zona de España dominada por los musulmanes en la Edad Media.
c. de Andalucía en la época de los Reyes Católicos.
d. del pueblo donde nació el último rey asturiano.

12. Granada fue el último reino musulmán de la Península Ibérica y fue conquistado...
a. en el año 711 por los romanos.
b. en el año 1492, el mismo año del descubrimiento de América.
c. por los romanos, pero en 1492.
d. en 1493, por supuesto: en el 1492 ya hay bastante con lo de América.

13. "**No me da la gana**" es una forma de decir "no quiero", pero...
a. no se puede decir en cualquier situación porque es bastante brusca.
b. sólo se le dice a alguien cuando quiere salir contigo.
c. sólo lo dices cuando no quieres beber alcohol.
d. es muy formal y educado, no se dice coloquialmente.

14. Los cuentos en español suelen comenzar con la frase...
a. Fuese una vez...
b. Fuérase una vez...
c. Érase una vez...
d. Érase una ocasión...

15. ¿Quién es Cenicienta?
a. La princesa árabe que cautivó al rey cristiano y permitió la entrada de su pueblo en España.
b. La niña que se encontró con un lobo por el bosque.
c. La hermana de la chica que perdió el zapatito de cristal.
d. La chica que perdió el zapatito de cristal.

16. Cuando compras algo, esperas que sea...
a. bueno, bonito y barato. b. basto, bonito y barato.
c. brusco, bonito y barato. d. bueno, bonito y atún.

17. Hay muchos deseos que sólo se podrían cumplir si tuviéramos...
a. un hada madre. b. un hada madrina.
c. un hada de la guarda. d. un ángel de la guarda.

18. Emiliano Zapata fue...
a. un líder de la Revolución cubana.
b. el primer presidente de Nicaragua.
c. un líder de la Revolución mexicana.
d. un famoso actor mexicano que triunfó en Hollywood en los años veinte.

19. Uno de estos escritores vivió en el siglo XX:
a. Fernando de Rojas. b. Francisco de Quevedo.
c. Don Juan Manuel. d. Jorge Luis Borges.

20. Cuando le dices a alguien que "**está bueno**" es porque piensas que...
a. es sexy y atractivo, pero es una manera de decirlo muy coloquial.
b. es sexy y atractivo, pero es una manera de decirlo muy educada.
c. es muy feo, pero no quieres que se dé cuenta.
d. es muy atractivo, pero para ti lo más importante es la forma de ser y no el físico.

CULTURA - Unidades 7-12

1. Uno de estos escritores no es americano.
a. Rubén Darío. b. Jorge Luis Borges.
c. Octavio Paz. d. Luis Cernuda.

2. Calisto y Melibea...
a. son los Reyes Católicos, los que conquistaron Granada.
b. son los nombres de dos marcas de aceite de oliva muy populares en España.
c. son unos trágicos amantes literarios.
d. son los amantes de Teruel, tonta ella y tonta él.

3. ¿Cómo se llama el lugar donde viven las monjas?
a. Iglesia. b. Convento.
c. Comisaría. d. Monjerío.

4. La Ertzaintza es...
a. la policia del País Vasco.
b. una organización terrorista del País Vasco.
c. el nombre del gobierno vasco.
d. un pueblo donde se comen muchos chanquetes.

5. La prensa del corazón es el nombre de...
a. la prensa especializada en cardiología, naturalmente.
b. la prensa que trata de decir siempre la verdad, de corazón.
c. las revistas que hablan de famosos, de princesas, de gente así.
d. la prensa de fútbol, que es el deporte que más llega al corazón de los españoles.

6. El español es una lengua que procede del latín,
a. igual que el vasco y el catalán.
b. igual que el italiano, el francés, el catalán, ...
c. igual que el vasco y el gallego.
d. igual que el vasco, el catalán y el gallego.

7. Pero también tiene muchas palabras de otras lenguas, sobre todo de...
a. el árabe y el turco.
b. el árabe y el portugués.
c. el portugués y el francés.
d. el árabe y las lenguas indígenas americanas.

8. Hoy día el español se habla por toda América, pero hay dos "superdialectos":
a. uno en Europa y otro en América.
b. uno en América del Sur y otro en América del Norte.
c. uno en las costas y las islas de América y el sur de España, el otro en las zonas interiores de América y el norte de España.
d. uno en Andalucia y otro en el resto.

9. Sólo uno es un pintor barroco del siglo XVII:
a. Velázquez.
b. Goya.
c. Picasso.
d. Sorolla.

10. Y uno de estos no es español:
a. Diego Rivera.
b. Diego Velázquez.
c. Antoni Tàpies.
d. Bartolomé Murillo.

11. El fin del imperio colonial español fue...
a. en 1936, después de la guerra con el resto de Europa.
b. a finales del siglo XIX, en 1898, después de la Guerra de Cuba.
c. en 1975, cuando se murió Franco.
d. con la invasión napoleónica.

12. Federico Garcia Lorca murió en 1936...
a. a causa de un ataque al corazón.
b. por la pena que le produjo el exilio.
c. debido a una larga estancia en las cárceles de Franco.
d. asesinado por los fascistas al comienzo de la Guerra Civil.

13. Aunque la .... se vista de seda, ... se queda.
a. cabra / cebra b. mona / mona
c. foca / foca d. vaca / jirafa

14. La primera noticia literaria que tenemos de Don Juan corresponde a:
a. Una obra de Molière.
b. Un poema catalán.
c. El teatro barroco español.
d. Cervantes.

15. Uno de los directores de cine españoles con más éxito actualmente es:
a. Luis Buñuel.
b. Antonio Muñoz.
c. Pedro Almodóvar.
d. Lucas Carrascal.

16. El Pretérito Indefinido "canté" se usa en lugar del Pretérito Perfecto "he cantado" en:
a. Aragón y Navarra.
b. Andalucía.
c. Argentina.
d. Toda América.

17. Si un mexicano te comenta que se ha comprado un carro se refiere a:
a. un coche de caballos.
b. un automóvil.
c. un camión.
d. un disco de Manolo Escobar.

18. En la Edad Media en Europa no se podía fumar porque...
a. la iglesia lo tenía prohibido.
b. lo trajeron los comerciantes venecianos en el siglo XV.
c. sólo fumaban los musulmanes.
d. lo trajeron los españoles de América.

19. El día de mala suerte en España es:
a. Martes y trece.
b. Viernes y trece.
c. El trece de cada mes.
d. El trece de cada febrero.

20. Un abanico sirve para...
a. aprender a sumar.
b. señalar los libros.
c. aliviar el calor.
d. tocar la guitarra.

VOCABULARIO - Unidades 1-6

1. Son pelitos:
a. los párpados. b. las pestañas.
c. los pómulos. d. las pastillas.

2. Echar en cara es:
a. tirar a la cara algo.
b. decir algo directamente.
c. ponerse cosméticos.
d. reprochar algo.

3. Una no es posible:
a. Lleva sombrero. b. Lleva el pelo largo.
c. Llevaba moño. d. Lleva el culo grande.

4. Si alguien dice "**Paco me importa un pimiento**"; quiere decir que...
a. Paco le ha comprado un pimiento en otro país.
b. Paco no le importa nada.
c. Paco es importante para él.
d. No tiene una opinión clara sobre Paco.

5. Si eres ingenuo, sensato y tacaño, tus características son:
a. la ingenuidad, la sensatividad y la tacañidad.
b. el ingenuismo, la sensatez y la tacañería.
c. la ingenuidad, la sensatez y la tacañería.
d. la ingenuosidad, la sensatería y la tacañez.

6. "Si quieres hacerlo, hazlo,
a. no te cortes".
b. haz un buen papel".
c. en cuerpo y alma".
d. ponte como una moto".

7. Los langostinos son:
a. unas ruínas romanas.
b. un tipo de pescado azul.
c. filetes de vaca.
d. un tipo de marisco.

8. Dar una torta es:
a. invitar a comer.
b. pegar.
c. regañar.
d. caerse.

9. Lo más lógico es decir que Luis...
a. ha aumentado a jefe.
b. se ha vuelto jefe.
c. se ha hecho jefe.
d. se ha puesto jefe.

10. Algo relacionado con la razón es:
a. sensible.
b. sensato.
c. sentimental.
d. sensitivo.

11. El nombre de las tablas donde pones los libros empieza por:
a. est... b. ant...
c. ter... d. ías...

12. Sólo lloramos con...
a. las peras.
b. los pimientos.
c. los ajos.
d. las cebollas.

13. Si te duermes inmediatamente después de acostarte, te duermes...
a. después de ponerte el pijama.
b. mientras te acuestas.
c. nada más acostarte.
d. en cuanto llegas.

14. Si alguien te responde "**en absoluto**", te está diciendo...
a. que sí.
b. que no.
c. que quizás.
d. que lo quiere todo.

15. Si en España le preguntas al portero de una discoteca si te deja pasar y él te dice "**seguro**", piensas:
a. Que es muy educado.
b. Que es extranjero.
c. Que es bastante posible que sí.
d. Que no hay peligro.

16. Si tienes una cita con un amigo es que...
a. has quedado con él.
b. te has quedado con él.
c. vas a encontrarlo.
d. vas a encontrar con él.

17. Vivo cerca, así que solo........cinco minutos en llegar a la escuela.
a. duro
b. tengo
c. soy
d. tardo

18. Quería viajar a España en abril, pero no pude hasta el mes...
a. próximo.
b. siguiente.
c. que viene.
d. que venía.

19. Cuando alguien decide no fumar nunca más, decide...
a. dejar de fumar.
b. acabar de fumar.
c. terminar de fumar.
d. finalizar de fumar.

20. "**Y entonces aparecieron todos de golpe**" significa que aparecieron...
a. con señales de golpes en la cara.
b. dando golpes en la puerta.
c. uno detrás de otro y de repente.
d. al mismo tiempo e inesperadamente.

VOCABULARIO - Unidades 7-12

1. Poner excusas consiste en:
a. Justificarse.
b. Disculparse.
c. Quejarse.
d. Enfadarse.

2. Tú no ibas en el avión siniestrado...
a. gracias a que llegaste tarde.
b. aunque llegaste tarde.
c. por culpa de que llegaste tarde.
d. como llegaste tarde.

3. Ligar es...
a. salir con los colegas.
b. salir con tu pareja.
c. buscar relaciones amorosas.
d. ir de bar en bar y beber mucho.

4. Si algo me duele,
a. me quejo.
b. lo reconozco.
c. regaño.
d. me disculpo.

5. Si me gusta mucho estudiar español quiere decir que...
a. me vuelve loco.
b. me pone como una moto.
c. me da rabia.
d. me pone alegre.

6. Sin embargo, si no me gusta nada, quiere decir que...
a. me da rabia.
b. me da vergüenza.
c. me fastidia.
d. me pone miedo.

7. Manifestar es...
a. ir por la calle protestando por algo.
b. afirmar y anunciar.
c. protestar y quejarse.
d. demostrar.

8. Las botas sirven para guardar...
a. los pies y el vino.
b. los pies y el mal olor.
c. el queso y los pies.
d. el vino y el queso.

9. La fregona es un objeto que sirve para...
a. fregar, por supuesto.
b. leer sin gafas.
c. rascarse la espalda.
d. meterse en líos.

10. A veces, después de una noche loca, uno puede .... de lo que hizo.
a. arrepentirse
b. seducir
c. agotarse
d. dormir

11. ¿Cuál de estas personas gobierna un pueblo o una ciudad?
a. Cacique.
b. Albañil.
c. Alcalde.
d. Financiero.

12. Por favor, ¿me puede decir dónde está........ de emergencia?
a. la salita
b. el éxito
c. la cuesta
d. la salida**13.** El sustantivo correspondiente a amargo es:
a. Amargura.
b. Amarguez.
c. Amarguenza.
d. Amarganza.

14. Si te ponen verde, es que...
a. te tocan el culo sin tu permiso.
b. te invitan a té con menta.
c. hablan mal de ti.
d. hablan bien de ti.

15. Cuando el río suena,
a. ganancia de pescadores.
b. me da pena.
c. come magdalenas.
d. agua lleva.

16. .... su edad, baila estupendamente.
a. A pesar de
b. Aunque
c. Con tal de
d. Siempre

17. ¿Qué es un testamento?
a. Un libro mitológico.
b. Un documento para comprar una casa.
c. Un tipo de sombrero que se usa en Cataluña.
d. Un documento en el que dejas tus propiedades cuando te mueres.

18. Mi pareja es...
a. mi animal de compañía.
b. mi amante secreto.
c. la persona con la que vivo.
d. mi pariente más cercano.

19. ¿Qué es un cacahuete?
a. Una planta típica de Albacete.
b. Un excremento que, por supuesto, huele muy mal.
c. Una cosa que se come.
d. Una prenda de vestir.

20. Si digo que este examen es un coñazo, quiero decir que...
a. es muy corto.
b. es muy fácil.
c. es muy aburrido.
d. es muy femenino.

GRAMÁTICA - Unidades 1-6

1. Antes de entrar me he encontrado a Sven que me he preguntado dónde .... el examen.

a. estaba b. era
c. había d. suspendía

2. (El profesor pregunta en clase). ¿Se entiende? ¿........ claro?

a. es b. está
c. estáis d. habéis

3. (Dos amigas hablando)

● ¿Cuánto tiempo .... con Nick?
❍ Uf, muchísimo, ... dos años.

a. estás saliendo / por
b. sales / desde
c. llevas saliendo / desde hace
d. estás / para

4. (Las mismas dos amigas, que dejan de hablar de hombres para hablar de motos)

● ¿Qué tal te va con la moto?
❍ Bien. Hasta ahora no .... ningún problema.

a. tenía b. había tenido
c. he tenido d. tuve

5. (Una mamá contándole un cuento a su niño)

● Y entonces, el niño, mientras la bruja .... , ... la escoba mágica ...
❍ ¡Qué miedo!

a. estaba durmiendo / cogió
b. dormía / cogía
c. estuvo durmiendo / cogía
d. durmió / cogió

6. (La mamá sigue contando el cuento)

● ¿Y qué pasó después?
❍ Pues que cuando la bruja .... , ... a gritar y a saltar.

a. se daba cuenta / empezó
b. se dio cuenta/ empezó
c. se daba cuenta / empezaba
d. se ha dado cuenta / ha empezado

7. (Y al final del cuento la madre dice)

a. Y ahora, duérmetese. b. Y ahora, me te duermes.
c. Y ahora, duérmete. d. Y ahora, duérmese.

8. (Antes de salir de casa)

● Está nublado, ¿cojo el paraguas?
❍ .... No va llover.

a. No lo coges. b. No los cojas.
c. No cójaslo. d. No lo cojas.

9. (Dos amigas)

● ¿ .... has dicho a tus amigos lo de la fiesta?
❍ No .... he dicho todavía.

a. les / se los b. — / se lo
c. les / se lo d. — / les

10. (Dos amigos comentando una fiesta)

● Oye, ¿qué tal el sábado?, ¿visteis a Pepe?
❍ ¡Qué va! Nos fuimos antes de..........

a. que llegara. b. lleguen.
c. que llegó. d. que llegaría.

11. (Recomendando una obra de teatro)

● Ve a verla. ....

a. Está muy buena. b. Es muy bien.
c. Parece muy bien. d. Es muy buena.

12. (Dos amigos charlando)

● ¿Y qué te ha dicho Lupita de mí?
❍ Bueno, pues que ....

a. te gustas. b. le gustas.
c. se gusta. d. le guste.

13. (Arreglando algo en la cocina)

● Cógelo hasta que yo te ....
❍ No te preocupes hombre.

a. diga. b. digo.
c. diré. d. vaya a decir.

14. (En la cafetería de una escuela)

● He hecho el examen, pero no estoy muy contento.
❍ ¿Cuándo te .... los resultados?

a. den b. darán
c. vayan a dar d. dieran

15. (Dos alumnos extranjeros de español de nivel superior)

● ¿Tú sabes que es un "colador"?
❍ Sí, el objeto .... separas la nata de la leche, por ejemplo, o para la pasta. Está en la lección 5.

a. con el que b. por lo que
c. con cual d. que

16. (En una farmacia)

● Buenos días.
❍ Buenas. ¿Tiene algo que .... la tos?

a. quita b. quitara
c. quite d. quitaría

17. (Un compañero no ha venido a clase)

● ¡Qué extraño! ¡Qué le ....! Dijo que venía a las cuatro en punto.
❍ Ya... pero son las cuatro y media.

a. haya pasado b. estaría pasando
c. pasaría d. habrá pasado

18. (En casa)

● ¿Qué hace este calcetín aquí?
❍ No sé. Es posible que .... del cajón.

a. se cayó b. se haya caído
c. se hubiera caído d. se caiga

19. (Una pareja)

● Pues a lo mejor .... mi madre a cenar.
❍ .... Habría llamado.

a. viene / No creo b. viene / Supongo
c. venga / Por supuesto d. venga / Seguro que no

20. (Esperando a una amiga)

● ¿Y Rosa? ¡Es muy tarde, no vamos a llegar!
❍ .... que se ha perdido otra vez.

a. Me temo
b. Témome
c. Temo
d. Tomate

GRAMÁTICA - Unidades 7-12

1. (Sábado por la noche, en un bar de moda)
● ¿Quieres otra?
○ ¿Qué?
● ....
a. ¿Quieres otra? b. Que si quieres otra.
c. Que quieras otra. d. Que qué quieras.

2. (En el mismo bar, un poco después)
● Pásame la copa.
○ No te oigo.
● ....
a. Que me pasas la copa. b. Que pásame la copa.
c. Que me pases la copa. d. Que si me pases la copa.

3. (Dos amigos invitando a gente a una fiesta)
● ¿Qué te ha dicho Rosana?
○ ....
a. Que no podía venir, que tenía trabajo.
b. Que no pudiera venir, que tiene trabajo.
c. Que vendrá si pudiera, pero tiene trabajo.
d. Que no vaya a venir, que tiene trabajo.

4. (Los mismos de antes, después de otra llamada)
● Y Jesús ¿viene?
○ No, pero dice que ....
a. hagamos la fiesta en su casa y que traigamos las cosas allí.
b. hiciéramos la fiesta en su casa y que lleváramos las cosas allí.
c. hacemos la fiesta en su casa y que llevemos las cosas allí.
d. por qué no hagamos la fiesta en su casa y llevamos las cosas allí.

5. (Por fin en la fiesta)
● No ha venido Ana tampoco.
○ No, y eso que me dijo que ....
a. iría seguro. b. viniera seguro.
c. habría venido seguro. d. vendría seguro.

6. (En otro rincón de la misma fiesta, dos están cotilleando)
● Oye, lo de María José no se lo cuentes a nadie, que me pidió ....
○ Por supuesto, soy una tumba.
a. de no contarlo. b. no contar.
c. que no lo contaría. d. que no lo contara.

7. (Otras dos, en la fiesta)
● ¿Sabes? Ayer Pepe estuvo llamándome toda la tarde para .... en que viniera a la fiesta.
○ ¿Qué pesado es!
a. insistiendo b. rechazar
c. insistir d. proponer

8. (Dos están decidiendo si reservar unos billetes de avión)
● ¿Qué hago? Si me espero, me voy a quedar sin plaza en el vuelo.
○ .... aunque no sepas seguro si vas a poder ir.
a. Lo mejor es que hagas la reserva
b. Tienes que hagas la reserva
c. ¿Por qué no hagas la reserva?
d. Es mejor que haces la reserva

9. (Hablando de parejas, alguien pregunta)
● ¿Te importaría salir con alguien que .... mucho mayor que tú?
○ No sé, depende.
a. fuera b. sería
c. es d. la tenga

10. (Otras dos personas, en la misma conversación de antes)
● ¿Y a ti?
○ A mí no me importaría nada, me gusta la gente que .... experiencia.
a. tiene. b. tendría.
c. tuviera. d. tendrá.

11. (En otra conversación, pero seguimos en nuestra fiesta)
● Te voy a contar un secreto, pero me prometes que no se lo dices a nadie, ¿eh? Pepe me ha llamado no sé cuántas veces para pedirme que .... a la fiesta, ¿tú crees que le gusto?
○ No te hagas muchas ilusiones...
a. venga b. venir
c. venía d. viniera

12. (Otros en otra esquina de la misma fiesta)
● Si .... que Pepe iba a estar aquí, no habría venido.
○ Ni yo.
a. habría sabido b. había sabido
c. fuera sabido d. hubiera sabido

13. (Siguen las dos personas de antes)
● Pero, ... me llamó tantas veces, al final tuve que venir a la fiesta.
○ Claro....
a. porque b. como
c. debido a d. por

14. (En una fiesta)
● En esta fiesta parece que .... divierte, ¿verdad?
○ Sí, aunque estamos pocos...
a. la gente se b. se
c. se la gente d. él

15. ● Pues yo he venido a la fiesta porque, por lo menos, hay copas gratis. Es que .... sin blanca.
○ ¡Qué cara tienes!
a. soy b. ser
c. estoy d. no tengo

16. ● Si yo .... una fiesta, no invitaba a gente como ésta...
○ Pues no son tan feos...
a. haga b. hacer
c. hago d. hiciera

17. ● Cuando yo .... una fiesta, me buscaré a gente más interesante.
○ ¿Y dónde vas a encontrar tú gente más interesante, imbécil?
a. hago b. haga
c. hacer d. hiciera

18. ● Aunque no me .... las fiestas, he venido a ésta porque Pepe me ha llamado veinte veces.
○ A mí me pasa lo mismo, ¿nos vamos a tomar algo por ahí?
a. gustarían b. gustaran
c. gustan d. gustarán

19. (Al final de la fiesta, recogiendo vasos vacíos)
● Desde luego, vaya amigos que tengo: hago una fiesta y todos me dicen que no pueden venir.
○ Venga, ..., que tienes unos amigos que no te los mereces.
a. no te quejes b. no te regañe
c. no te reconozcas d. no te admitas

20. ● Oye, ¿has oído tú algo de una fiesta?
○ ¿Que si he oido algo de ....?
a. ello b. esto c. uno d. qué

ABANICO - JUICIO FINAL

EL LIBRO / LAS ACTIVIDADES

1- ¿Tienes ahora una idea diferente sobre el carácter, el modo de vida o la forma de pensar de los hablantes de español?

2- ¿Qué te ha gustado más y qué te ha gustado menos? ¿Recuerdas alguna actividad que te haya gustado especialmente?

3- Sinceramente, señala las actividades con las que has aprendido más y aquéllas con las que menos.

4- ¿Ha habido cosas que te han resultado demasiado fáciles o difíciles? ¿Cuáles?

5- ¿Qué te hubiera gustado hacer que no has hecho?

YO / MI TRABAJO

1- Comenta cómo ha sido tu participación en clase.

2- ¿Has notado que has aprendido y progresado?

3- ¿Has trabajado fuera de clase? ¿De qué manera ha influido este trabajo en tu progreso?

4- ¿Qué otras cosas te gustaría aprender? ¿Qué necesitarías ahora?

EL GRUPO / EL AMBIENTE DE TRABAJO

1- ¿Has estado cómodo en clase?

2- ¿Qué tal tu relación con el resto de los compañeros?

3- Recuerda alguna situación agradable y otra desagradable del curso y las reacciones del grupo.

EL PROFESOR / SU TRABAJO

1- ¿Qué te ha gustado más y menos de su actitud?

2- Recuerda la cosa más importante que haya dicho el profesor.

3- ¿Qué consejos le darías?

4- ¿Cómo describirías a tu profesor perfecto?

SOLUCIONES

AQUÍ TE PILLO, AQUÍ TE MATO

Cultura (1-6)

1 b - 2 c - 3 a - 4 b - 5 d - 6 b - 7 c - 8 a - 9 c - 10 c - 11 b - 12 b - 13 a - 14 c - 15 d - 16 a
17 b - 18 c - 19 d - 20 a

Cultura (7-12)

1 d - 2 c - 3 b - 4 a - 5 c - 6 b - 7 d - 8 c - 9 a - 10 a - 11 b - 12 d - 13 b - 14 c - 15 c - 16 d
17 b - 18 d - 19 a - 20 c

Vocabulario (1-6)

1 b - 2 b - 3 d - 4 b - 5 c - 6 a - 7 d - 8 b - 9 c - 10 b - 11 a - 12 d -13 c - 14 b -15 c - 16 a
17 d - 18 b -19 a - 20 d

Vocabulario (7-12)

1 a - 2 a - 3 c - 4 a - 5 a - 6 c - 7 b - 8 a - 9 a - 10 a - 11 c - 12 d - 13 a - 14 c - 15 d - 16 a
17 d - 18 c - 19 c - 20 c

Gramática (1-6)

1 b - 2 b - 3 c - 4 c - 5 a - 6 b - 7 c - 8 d - 9 c - 10 a - 11 d -12 b - 13 a - 14 b - 15 a - 16 c
17 d - 18 b - 19 a - 20 a

Gramática (7-12)

1 b - 2 c - 3 a - 4 a - 5 d - 6 d - 7 c - 8 a - 9 a - 10 a - 11 d - 12 d - 13 b - 14 a - 15 c - 16 d
17 b - 18 c - 19 a - 20 d

TODOS A CIEN

PREGUNTAS DEL EQUIPO A

A - Léxico

1. Tacaña.
2. Perezosa.
3. Nuca (cuello por detrás), talón (parte trasera del pie).
4. Estar harto / cansado.
5. Toro, vaca, cabra,...
6. Murciélago.
7.
8. El hada madrina.
9. En una carroza.
10. Fueron felices y comieron perdices. Colorín colorado, este cuento se ha acabado.
11. Jabón, champú, esponja, toalla, gel,...
12. Vamos directos a lo importante; lo opuesto es andarse por las ramas.
13. Sábanas, colchón, almohada, mantas,...
14. Un cojín.
15. Me he puesto como una sopa.
16. Pepino, espárrago, judías, habas,...
17. Del año de la pera.
18. Tener una aventura sexual fuera del matrimonio.
19. Las monjas y los frailes.
20. Turista, poeta, planeta, tema, programa,...
21. El abanico.
22. Saciándose de algo, comiendo o bebiendo mucho, por ejemplo.
23. Cualquiera que sea pesada o aburrida.
24. En la butaca.
25. Pureza, limpieza, belleza, pereza, naturaleza,...
26. Hablando del rey de Roma, por la puerta asoma.

A - Sorpresa

1. Cupierais.
3. LVIII.
4. Guau, guau.

A - Cultura

1. En el siglo XVII.
2. En 1879.
3. Era compositor de música.
4. En Lisboa.
5. En 1936.
6. Velázquez, Murillo,...
7. Dalí, Picasso, Miró, Tàpies,...
8. Finés, húngaro, vasco,...
9. Chocolate, tomate, maíz, cacique, tiburón,...
10. Eslogan, líder,...
11. [servesa]
12. A la del 27.
13. Español, catalán, gallego y vasco.
14. Museo del Prado, en Madrid.
15. En Algeciras.
16. Mallorca, Menorca, Ibiza, Tenerife, Las Palmas,...

A - Gramática

1. Absurdo, necesario, (im)posible, (im)probable,...
2. Supe, supiste, supo, supimos, supisteis, supieron.
3. Hoy, esta semana, etc. / Ayer, la semana pasada, etc.
4. No.
5. Concertar una cita: "hemos quedado a las seis". / Permanecer en un lugar: "tengo que quedarme en casa".
6. La empresa para la que trabajo es horrible.
7. Sí: "¿Cuándo ganaremos?"
8. que fueran
9. Serán las cuatro.
10. ¡Cierra la boca !, !cierra el pico!
11. Yo que tú usaría *Abanico*. Te aconsejo que uses *Abanico*,...
12. El español me encanta, me vuelve loco/a.
13. Estoy borracho / bebo en este preciso momento.
14. Como introduce una causa no conocida por el interlocutor y la causa va antes que la consec uencia: "como has llegado tarde, nos hemos ido". Ya que introduce información que no es nueva, es conocida por el interlocutor, y la frase causal que introduce puede ir en primera o segunda posición.
15. no existiría la película Parque Jurásico. Se elige el Condicional Simple porque tiene efecto en el futuro (hoy).

PREGUNTAS DEL EQUIPO B

B - Léxico

1. Tacaño.
2. De manera reflexiva y meditada. Piensa las cosas dos veces antes de hacerlas.
3. Entre el tórax y el abdomen, a la altura del ombligo
4.
5. Gallo, gallina, pollo, paloma,...
6. Cuando algo te produce miedo o frío.
7. Ser inofensivo sólo en apariencia o hipócrita.
8. Con su madrastra y sus hermanastras.
9. Érase una vez... Había una vez...
10. Piña, pera, uvas,...
11. 'Por si acaso', 'para prevenir'. Por ejemplo: "coge el paraguas por si llueve".
12. Tijeras, sierra, navaja,...
13. Fuente, olla, colador, escurridor,...
14. Enfríar.
15. La berenjena, la remolacha, la col lombarda,...
16. Doce uvas.
17. Media naranja.
18. El género depende del referente y se marca mediante el determinante porque es una palabra invariable.
19. Hacer públicas sus intimidades y faltas.
20. Con una fregona.
21. Cualquiera que sea larga y pesada ó aburrida.
22. En la taquilla.
23. De cuatro hojas.
24. ...buena sombra le cobija.

B - Sorpresa

1. Anduviéramos.

B - Cultura

1. Rubén Darío.
2. Boabdil.
3. La policía autónoma vasca.
4. Por Córdoba y Sevilla.
5. La Celestina.
6. Las Meninas.
7. Español, portugués, italiano, francés, rumano, catalán, gallego.
8. Unos trescientos millones.
9. Almohada, alcalde, algodón, tarifa, ojalá , albañil,...
10. En Andalucía y Canarias.
11. El burlador de Sevilla, de Tirso de Molina.
12. En Málaga.
13. En Galicia, (en el noroeste).
14. Mexicano.
15. El 6 de enero.
16. Dos, en las mejillas.

B - Gramática

1. Contento/a, enfadado/a, roto/a,...
2. Conduje, condujiste, condujo, condujimos, condujisteis, condujeron.
3. se llamaba
4. No. La correcta es "Dile a Carmen que venga".
5. ¿Tiene un diccionario que tenga la letra grande?
6. El vecino con el que vivimos es insoportable.
7. En cuanto termine te llamo.
8. Anda que no.
9. Se puede usar con los dos, depende del grado de seguridad de la hipótesis que queramos expresar.
10. Colón dijo que hacía mucho calor y le pidió agua a Pinzón.
11.
12. No. La correcta es "En mi ciudad las tiendas cierran a las dos, sin embargo, en Barcelona cierran a la una y media".
13. hubiera
14. No. No se pone Presente de Subjuntivo con si en la estructura condicional.
15. habría muerto mucha gente por ciertas efermedades. Se utiliza Condicional Compuesto porque el efecto no es en el presente (hace cincuenta años).